I0837296

MANIERE DE BIEN BASTIR POVR TOVTES SORTES DE PERSONNES.

PAR

PIERRE LE MVET, Architecte ordinaire du Roy, & conducteur des desseins des Fortifications en la Prouince de Picardie.

REVEVE, AVGMENTEE ET ENRICHIE EN cette seconde edition de plusieurs Figures, de beaux Bastimens & Edifices, de l'inuention & conduitte dudit sieur le Muet, & autres.

A PARIS,

Chez FRANCOIS LANGLOIS dict CHARTRES, Marchand Libraire, ruë S. Iacques, aux Colomnes d'Hercules.

M. DC. XLVII.

AVEC PRIVILEGE DV ROY.

MANIERE DE BASTIR
pour touttes sortes de person
PAR
Pierre le Muet Architecte ordinair
du Roy et Conducteur des desseins
des fortifications en la province
de Picardie
Reveue et augmatee en cette
seconde edition de plusieurs
figures de tresbeaux Bastimens et
edifices de Linuention et con
duite dudit S.r P. le Muet
A PARIS
Chez F. Langlois
dict Chartres
Marchand Libraire
Rue S.t Iacques, aux
Colonnes d'Hercule
contre le Lyon d'Argent
Auec Priuilege du Roy MDCXLVII

AV ROY.

IRE,

Encores que vous consacrant cet ouurage, i'imite Vitruue, qui dedia ses liures d'Architecture à l'Empereur Auguste; ie n'ay pas toutesfois la presomption de croire pouuoir approcher de l'excellence de ce grand & celebre autheur, comme vostre Maiesté surmonte la gloire de ce fameux Monarque. Ie sçay bien que mes trauaux ne sont point dignes de parestre deuant vous, comme les siens ont merité d'estre veus & cheris de son Prince: & neantmoins i'eusse encor manqué d'auantage de ne vous les presenter pas, que ie ne fais en vous les offrant. Car puis que vostre Majesté m'a iusques à present departy liberalement les moyens de m'exercer en cet art, où i'ay acquis quelque cognoissance pour assister le public; ie serois reprochable d'vne ingratitude extreme de ne vous offrir point ce que ie puis, veu que ie ne le puis que par vous. Apres auoir eu (outre mon assidu trauail) la conference des plus capables en ceste matiere que ie traite; il y a deux ans que ie pris resolution de mettre cet œuure au iour: dequoy ie fus empesché pour l'obligation que i'auois de suiure les armées de vostre Majesté, afin de me rendre d'autant plus experimenté & digne de la charge que i'ay aux fortifications, & dont il vous a pleu me gratifier. Maintenant que ie me voy de retour, i'effectuë ce que i'auois proietté en ce temps-là : & commençant par ce qui concerne les edifices de vos ſujets, pour l'embelliſſement de voſtre Royaume; i'eſpere SIRE, diſcourir par apres, & faire voir quelques deſſeins des baſtimens Royaux, où ie m'esforceray que mes inuentions reſpondent à la dignité du ſujet. Pour me donner courage d'en venir à bout, ie vous ſupplie tres-humblement, SIRE, de receuoir cependant ce liure que ie vous adreſſe: & que voſtre Majeſté ne trouue point mauuaiſe, s'il luy plaiſt, l'ambition que i'ay de vous témoigner par ce moyen l'affection, le zele, & le deſir d'eſtre toute ma vie

SIRE,

Voſtre tres-humble, tres-obeiſſant & tres-fidele ſujet.

LE MVET.

AV LECTEVR.

CE qui a premierement donné ſuiet aux hommes d'edifier, a eſté la neceſſité, lors que battus des intemperies de l'air, & trauaillez de l'excez des chaleurs du Soleil, des rigueurs du froid, des faſcheuſes importunitez des neiges, greſles & pluyes, ils taſcherent de ſe mettre à couuert dés le plus tendre âge du monde, comme auſſi pour ſe garantir de l'incurſion des beſtes ſauuages & cruelles. Il eſt croyable que la rudeſſe des eſprits de ce ſiecle là, ne leur permettoit pas de conſtruire des baſtimens fort magnifiques, mais que peu à peu leurs ſucceſſeurs mettant la main à l'œuure (comme il arriue à toute autre choſe de ſe polir auec le temps) acquirent vne plus grande connoiſſance en l'art d'edifier, & qu'ils en laiſſerent des preceptes, que leur poſterité enrichiſt encores, iuſques à perfectiõ. Tous les Hiſtoriens nous ſont foy que les Aſſyriens & les Medes ont eſté grands edificateurs, iuſques là qu'ils ont fait des maiſons & des murailles de villes d'vne immenſe & preſque incroyable grandeur, comme auſſi les Perſes: & les pyramides d'Egypte ſeruent encore auiourd'huy de témoignage, combien les peuples de ce pays là ſe ſont employez aux baſtimens. Ce temple tant renommé de Salomon fait qu'aucun ne peut douter que les Hebreux n'ayent eu pareillement vne tres-grande & tres-parfaite intelligence de l'Architecture: ie diray pourtant que les peuples Occidentaux ayans toujours augmenté les ſciences qu'ils ont receuës des Orientaux, ont auſſi ſurpaſſé en la connoiſſance de l'Architecture toutes les nations que ie viens de nommer. Les Grecs les premiers s'y ſont rendus excellens; les Italiens par apres ont fait des ouurages merueilleux; & les François maintenant peuuent pratiquer tout ce que les vns & les autres en ont ſceu; ayans meſmes fait eſclorre ſur ce ſujet pluſieurs ſingulieres & tres-rares inuentions. De ſorte qu'il faut aduoüer que ſi l'Art a iamais contribué auec la Nature pour rendre quelque choſe de parfait; ſon deſſein a plus heureuſement reüſſy au fait des baſtimens de noſtre France, qu'en aucun autre ſujet où il ſe ſoit voulu occuper par tout ailleurs. Car comme la Nature fauoriſée de la ſituation temperée de ce Royaume, y fait voir preſque en tous lieux en abondance ce qu'elle a eſpars & ſemé en diuers quartiers de la terre: ainſi l'Art par l'ornement des ſomptueux edifices, a eu ſoin de l'embellir, donnant par ce moyen vn contentement indicible aux yeux des hommes, & les logeant commodement & magnifiquement, qui eſt vn des plus agreables plaiſirs de la vie. Mais ce ſeroit choſe ſuperfluë de diſcourir en ce lieu de la belle ſtructure de tels edifices, ayant ſeulement intention de faire voir au public vn moyen de baſtir ſur toutes grandeurs propoſées, afin qu'aux maiſons des particuliers on puiſſe obſeruer la bien-ſeance & commodité, proportionnement à celle qu'on garde ordinairement aux baſtimens publics, & autres edifices de deſpence. I'ay donc commencé depuis la plus petite eſtenduë ſur laquelle on puiſſe baſtir, iuſques à vne grandeur, telle qu'il ſe trouue pluſieurs perſonnes poſſeder des places de ſemblable meſure: par apres ie trauailleray ſur des places plus ſpatieuſes, & declareray tout ce qui se pourra faire commodement dessus. En cela Lecteur ay-je creu ne t'assister pas moins, que si t'eusses parlé profondement de l'Architecture & declaré toutes ses regles: à quoy toutesfois ie ne renonce pas, esperant de satisfaire dans peu de temps la curiosité d'vn chacun sur ce point. Ce sera lors que ie mettray en lumiere mes desseins des bastimens Royaux, où tu verras les diuers ordres des Colomnes entierement obseruez, & les edifices conduits selon eux, auec les enrichissemens qui leur sont plus conformes. I'espere que l'on y trouuera ce qui sert à la decoration des Palais & des Eglises, & feray comme vn abbregé de tout ce qui est necessaire à la construction des grands bastimens. Reçoy cependant Lecteur, cet œuure que ie vouë à l'vtilité d'vn chacun, & oblige moy l'acceptant fauorablement, de trauailler de plus en plus à l'vtilité publique en ce qui regarde mon employ & ma profession.

EXTRAICT DV PRIVILEGE DV ROY.

PAr Grace & Priuilege du Roy, il est permis à FRANÇOIS LANGLOIS dit CHARTRES, Marchand Libraire de cette ville, de faire grauer & imprimer en telle forme, grandeur, & caractere; & autant de fois que bon luy semblera, vn liure intitulé. *Maniere de bien bastir pour toutes sortes de personnes, par Pierre le Muet*, Ingenieur & Architecte ordinaire du Roy, Reueuë & augmentée en cette seconde edition de plusieurs figures de beaux bastimens & edifices, de l'inuention & conduite dudit sieur le Muet: & ce durant le temps de vingt années, à commencer du iour que ledit liure aura esté acheué d'imprimer, auec deffences à tous Libraires, Imprimeurs, Graueurs, Imagers & autres personnes de quelque qualité & condition qu'elles soient, de coppier, ny faire coppier, imprimer ou faire imprimer ledit liure du Muet ny en partie, ny par aucun deguisement de quelques figures que ce soit dudit liure pendant ledit temps, ny mesme susciter les estrangers à ce faire, à peine de confiscation des exemplaires, qui se trouueront auoir esté contrefaits, de six mille liures d'amande, & de tous despens dommages & interests, voulant en outre que foy soit adioustée au present extraict, comme à l'original, & qu'il soit tenu pour signifié, ainsi qu'il est plus au long contenu audit Priuilege. Donné à Paris le 7. Iuillet 1645. Signé LOVIS, & plus bas par le Roy la Reyne Regente sa mere presente, PHILIPEAVX, & scellé du grand sceau de cire iaune.

Acheué d'imprimer pour la premiere fois, le premier de Ianuier, 1647.

SOMMAIRE DISCOVRS DE CE QVI DOIT ESTRE OBSERVE' EN LA CONSTRVCTION DE TOVT BASTIMENT.

EN LA CONSTRVCTION DE TOVT BASTIMENT, ON doit auoir esgard à la durée, à l'aisance ou commodité, à la belle ordonnance, & à la santé des appartemens.

LA DVREE consiste, à trauailler de bonne matiere, mais d'autant qu'elle change selon la diuersité des lieux, il ne s'en peut donner de preceptes particuliers. Cela est remis à la discretion & iugement de celuy qui bastit, lequel se reglera sur la cognoissance qu'il aura acquise par experience de la bonté desdits materiaux.

Donner aux murs des espaisseurs conuenables selon la hauteur & charge que l'on leur veut faire porter. Or d'autant que cela depend en partie de la bonté desdits materiaux, la cognoissance desquels ne se peut acquerir que sur lesdits lieux; nous auons aussi remis cet article à la discretion de celuy qui bastira; ayant pour cet effect pris dedans œuure toutes les longueurs & largeurs de nos desseins: & neantmoins les espaisseurs que nous y auons pratiquées peuuent estre obseruées & suiuies en toute seureté aux bastimens qui se feront à Paris & és enuirons; en quoy (comme par tout ailleurs) il sera bon d'obseruer, qu'apres que l'espaisseur des bastimens communs aura esté arrestée pour ce qui doit estre sous terre, il faudra reduire le tout aux deux tiers, pour ce qui sera hors de terre; & ce par le moyen de deux retraictes de part & d'autre.

Faire que les fardeaux de dessus soiēt posés sur parties capables de les soustenir, & d'autant que les planchers & tout ce que l'on pose dessus sont portés par les poutres, il faut bien prendre garde de ne point asseoir lesdites poutres sur des vuides, comme sur fenestres ou portes. En somme il faut faire que le vuide soit assis sur le vuide, comme le plain sur le plain. Il se faut bien aussi garder de faire passer les poutres dans les cheminées, pour les inconueniens qui en peuuent arriuer, & faut pareillement regarder que la longueur des poutres ne soit point excessiue, eu esgard à leur grosseur; desquelles, & de la bonté du bois, despend toute la force.

Donner aux soliues vne longueur conuenable, selon la proportion de leur grosſeur; Car plus elles ſont longues & plus foibles ſont elles en leur partie du milieu. C'eſt pourquoy il eſt bon que les poutres (leſquelles ſeruent de regle à la longueur des ſoliues) ſoient eſpacées depuis neuf iuſques à douze pieds d'interualle, & eſtás contraincts, iuſques à treize: Et eſt beſoin qu'elles portét dans l'eſpaiſſeur du mur, de quinze à dix huict poulces de chacun coſté, & plus ſi faire ſe peut. Et afin que les planchers puiſſent auoir la fermeté requiſe, les ſoliues ſeront eſpacées en ſorte qu'il y ait autant de plein comme de vuide, car cela ſeruira auſſi d'ornement.

Pour ce qui regarde l'aiſance & commodité, il faut obſeruer.

Qve les appartemens ſoient aſſis les vns aupres des autres, ſelon le beſoin qu'ils ont l'vn de l'autre, & deſgagez entr'eux le plus que faire ſe pourra.

Que les principaux appartemens, comme les Salles & Chambres principales, ſoient accompagnées d'vne garderobe, & auſſi d'vn cabinet, s'il ſe peut faire.

Que les appartemens d'vn meſme eſtage ſoient aſſis de plain pied, autant que faire ſe pourra.

Que chaque appartement ſoit d'vne grandeur conuenable pour le ſeruice à quoy vous l'auez deſtiné: Et pour cet effect, il ſera à propos, aux lieux non contraints, d'obſeruer les meſures ſuiuantes.

La Salle aura de vingt-deux à vint-quatre pieds de largeur, auquel cas on luy pourra donner de trente-quatre à trente-ſix pieds de longueur: Mais en grands baſtimens, il ſera bon de donner à la longueur le double de la largeur: Et lors qu'il ſe fera des offices ſous terre, il eſt à propos de leur dóner de huict, neuf, à dix pieds ſous ſoliues, ou neuf à dix pieds ſous clef de voûtes.

La hauteur du premier eſtage ſur les longueur & largeur ſuſmentionnées pour la ſalle, pourra eſtre depuis treize pieds iuſques à quatorze pieds, ſauf à augmenter ſelon ceſte meſme proportion, quand l'on donnera plus de longueur & de largeur à la ſalle.

Pour le regard de la hauteur du ſecond eſtage, ſera bon de luy donner de douze à treize pieds ſous ſoliues.

Au troiſieſme onze à douze pieds.

Et ſi l'on veut faire des chambres en galetas, ſoit au troizieſme ou quatrieſme eſtage, il ſuffira de leur donner huict à neuf pieds de hauteur.

Pour les chambres, elles auront vingt-deux ou vingt-quatre pieds, & eſt touſiours bon qu'elles ſoient quarrées.

En la conſtruction des chambres, il faut auoir eſgard à la place du lict, qui eſt ordinairemét de ſix pieds en quarré, & la ruelle de quatre à ſix pieds; & à la ſituation de la cheminée, laquelle en ceſte conſideration ne doit pas eſtre ſituée iuſtement au milieu, mais diſtante d'iceluy de quelque deux pieds, afin de donner place au lict, & par ce moyen l'inegalité eſt peu recognoiſſable.

La moindre garderobe aura de largeur de neuf à dix pieds; & ayant dauantage de place, de quinze à ſeize pieds.

Les portes du dedans du logis auront de largeur deux pieds & demy, & trois pieds au plus, en de grands baſtimens, quatre pieds.

Leur hauteur ſera de ſix pieds & demy à ſept pieds.

Les portes cocheres auront de largeur ſept pieds & demy du moins, & lors que vous eſtes contrainct; & de huict à neuf pieds lors que rien ne vous oblige: la hauteur ſera d'vne largeur & demie: Mais quand vous aurez la hauteur à voſtre diſcretion, il sera bon de luy donner le double de la largeur.

L'escalier aura d'onze à douze pieds de largeur: mais estans contraints, on se passera à neuf pieds.

La hauteur des marches sera de cinq poulces & demy à six poulces.

Le giron de la marche, sera d'vn pied outre la saillie, laquelle sera de deux poulces ou enuiron.

Et faut noter que là où il viendra à propos de faire les marches en tournant, nous n'en pouuons faire plus de dix au demy cercle, qui sont cinq au quart de cercle; Et si la largeur de l'escallier venoit iusques à dixhuict pieds, plus ou moins, on pourroit faire iusques à douze marches au demy cercle.

Les fenestres auront d'ouuerture de quatre pieds à quatre pieds & demy entre les deux tableaux, ou pieds droicts.

Pour leurs hauteurs, elles se termineront le plus pres des planchers ou soliues que faire se pourra; comme six, huict, dix, & douze poulces au plus: Car par ce moyen les salles ou chambres en sont mieux esclairées, & faisant autrement on les rend obscures & tristes.

Que si l'ordre de l'architecture de dehors, contraignoit de tenir le haut de la fenestre plus bas que la mesure susdite; en ce cas il faudroit faire le dedans d'icelle en arriere voulsure, embrasée vers le plancher, afin qu'il en fust esclairé dauātage.

Les appuis des fenestres auront depuis deux pieds huict poulces, iusques à trois pieds au plus.

Les meneaux, ou croisillons des fenestres, auront d'espaisseur de quatre à cinq poulces.

Leurs feüilleures seront d'vn poulce & demy à deux poulces au plus, afin de conseruer d'auantage de force au derriere d'iceux, & que les membrures & chassis de bois qui portent les volets de menuserie pour fermer le fenestres, puissent auoir force conuenable.

Les pieds droicts des fenestres seront fort embrasez, & refeüillez de deux poulces au moins, afin que la menuserie puisse ioindre contre les murs, & dans lesdites feüilleures, & seroit besoin que les premiers volets fusent brisez apres la longueur des embrasemēs: Car par ce moyen ils font moins d'épeschemēt, & donnent plus de clairté: Et cét article regarde aussi bien la durée, comme l'aisance & cōmodité.

Les cheminées des salles auront dans œuure six à sept pieds entre les deux iambages; & sera bon de prendre le tuyau d'icelles dans l'espaisseur du mur; s'il est tout vostre; sinon elles seront adossées contre, en lieu où elles puissent correspondre à celles des chambres, lesquelles ne s'escartent que bien peu du milieu, comme il a esté dit: & s'il est possible, il faut faire que la cheminée soit veuë de front par celuy qui entrera dans la salle.

Leur hauteur sera de quatre à cinq pieds iusques sous la plate bande du manteau: Leur saillie aura deux pieds & demy à trois pieds, depuis le mur iusques hors le manteau.

Les iambages des cheminées auront sept à neuf poulces de largeur au plus, selon l'ordre de l'architecture, auec laquelle on la veut enrichir.

Les cheminées des chambres auront de largeur cinq pieds, ou cinq pieds & demy, & seront placées comme dit est cy-dessus, à cause de la place du lict.

Leur hauteur sera de quatre pieds, ou quatre pieds & demy, iusques sous le manteau ou plate-bandes.

Leur saillie sera de deux pieds à deux pieds & demy, depuis le contrecœur iusques au deuant des pieds droicts, ou iambages.

Les cheminées des garderobbes seront de quatre pieds, ou quatre pieds & demy de largeur.

Leur hauteur de quatre à cinq pieds iusques sous le manteau.

Leurs saillies, deux pieds trois poulces.

L'ouuerture des cheminées en general aura d'onze à douze poulces de fente, & aux cheminées des grandes cuisines quinze poulces, à cause du grand feu que l'on y fait; & se conduiront le plus vniment que faire se pourra, d'autant qu'à faute de se faire, on est quelquesfois incommodé de fumée.

Leur longueur sera de quatre à six pieds; si les cheminées ont six pieds par bas dans œuure; elles se diminueront dans leurs manteaux par les pentes des hottes d'icelles, & leurs tuyaux seront conduits à plomb.

La pente du dedans des cheminées, autrement la hotte commence depuis le manteau iusques à l'endroit du plancher.

La belle ordonnance consiste en la simmetrie, qui doit estre prise selon la largeur ou hauteur.

Selon la largeur, elle consiste à faire que les parties esgalement esloignées du miliere soient esgalées entre elles.

Que les parties soient proportionnées au total & entre elles.

Selon la hauteur, elle consiste à faire que les parties esquelles mesmes simetrie aura esté obseruée pour le regard de la largeur, soiét aussi de mesme niueau en leur hauteur. Car il peut arriuer qu'vne partie simmetriée en largeur ne le sera point en hauteur. Pour exemple, les demies croisées, lesquelles vous pouuez asseoir en pareille distance du milieu de l'edifice, neantmoins les frontons qui leur seront imposés n'arriueront pas à la hauteur de ceux des croisées entieres; ainsi ce qui sera simmetrié en largeur, ne le sera pas en hauteur; partant tels ouurages sont à euiter.

Quant à la santé des appartemens.

Vovs y pouruoirez faisant faire des salles du premier estage plus haut que les rés de chaussée de la terre de deux pieds, & plus, selon l'humidité du lieu auquel vous bastirez. Car en ce faisant vous ne pouruoyez pas seulement à la santé, mais aussi à la belle ordonnance, rendant par ce moyen vostre bastiment plus auguste & mieux esclairé: & faisant les offices sous terre, il sera bon que la moitié de leur hauteur soit en terre, l'autre moitié dehors.

Voila ce que nous auons iugé necessaire de traitter touchant les preceptes generaux, lesquels s'ils ne sont entierement obserués aux premiers desseins de nos bastimens, il ne le faut trouuer estrange, d'autant que le peu d'espace en largeur nous a contrainct de sortir de nos regles propres. Pour les considerations particulieres elles se remarqueront aux desseins & discours que nous ferons sur chacune place: surquoy nous vous donnerons aduis vne fois pour toutes, que tout ce qui est situé à droit peut estre mis à gauche, sans changer aucune dimension, selon que la beauté de l'aspect ou vne lumiere plus forte, ou la bonté du mur voisin, ou quelque autre consideration importante, vous conuiera d'eslire plustost l'vn que l'autre.

ADVERTISSEMENT TOVCHANT LES TOISES DES ouurages, tant de maçonnerie que des vuydanges de terre.

LEs mesures dont on se sert pour mesurer toutes choses sont, ou lineaires, ou superficieles, ou solides & massiues.

Les mesures linaires sont celles, qui n'ont qu'vne seule dimension, ausquelles n'est considerée que la seule longueur, sans largeur, ny profondeur, comme quand nous faisons mention de la seule longueur d'vne salle, ou chambre, ou bien de sa seule largeur, ou bien de sa hauteut seulement, sans y comprendre ses autres dimensions: Ou bien quand nous disons que de tel village, à vn tel, il y a deux lieuës, nous ne considerons que la longueur seulement.

De ces mesures lineaires la plus commune est la toise lineaire, laquelle se diuise en six pieds de Roy, qui est aussi vne mesure lineaire. La longueur de l'vne & de l'autre est exprimée au Chastelet de Paris, & auons representé en marge la mesure d'vn pied, afin que l'on sçache de quelle mesure nous auons parlé en nos desseins, & que l'on y puisse reduire les autres, selon qu'il viendra à propos.

Le pied se diuise en douze pouces, & le pouce en douze lignes, qui est la plus petite mesure dont on se serue en Architecture.

Les mesures superficieles, sont celles qui ont deux dimensions, longueur & largeur, comme quand nous disons qu'vne chambre contient seize toises quarrées, nous entendons qu'elle a quatre toises lineaires en vn sens, & autant en l'autre: Si bien que multipliant la longueur & largeur, l'vn par l'autre, vous auez sa superficie: tellement que puis qu'vne toise lineaire contient six pieds, la toise superficiele contiendra six fois six pieds, qui seront trente six pieds superficiels: Ainsi vn arpent de terre contient dix fois dix perches, qui sont cent perches superficieles.

Les mesures solides ou massiues, sont celles qui ont trois dimensions, longueur, largeur & espaisseur, ou profondeur, comme quand nous disons qu'en certaine vuidange de terre, il y a soixante & quatre toises, & que la longeur, largeur & profondeur en sont esgales, nous entendons qu'il y en a quatre toises de long sur quatre de large, & quatre de profond: ainsi quatre fois quatre, font seize, & quatre fois seize, font soixante & quatre: tellement que pour sçauoir combien de toises solides, ou massiues, contient vn tel ouurage, il faut multiplier la longeur par la largeur, & multiplier encor le produict de ces deux, par la profondeur ou espaisseur, & en ceste signification vne toise solide ou massiue, ou cube, contient deux cens seize pieds solides ou cubes ou massifs, qui sõt six fois six fois 6. pieds lineaires.

pied de Roy diuisé en douze pouces.

DISTRIBVTION DE LA PREMIERE PLACE, AYANT DE LARGEVR DOVZE PIEDS, ET DE PROFONDEVR DEPVIS VINGT-VN PIEDS ET DEMY A TOVTE AVTRE QVI SERA moindre que vingt-cinq pieds.

EN CETTE place premiere de douze pieds de largeur, sur vingt-vn pieds & demy de profondeur, la largeur se distribuë en vne salle de neuf pieds, & vn passage de trois pieds; la profondeur se diuise en la salle de quatorze pieds, & en vne cour de cinq pieds & demy de largeur: & le reste de la largeur sur toute ceste profondeur, est employé en vn escalier qui aura six pieds en quarré, où sous le rampant des marches sera fait le priué. A vn des angles de la cour, joignant la salle, est le puys. Pour la descente de la caue elle se fera au passage, par le moyen d'vne trappe, tant en ceste figure comme aux suiuantes, iusques à la sixiesme distribution de la sixiesme place.

Pour le regard du second estage, la chambre occupera la largeur, tant de la salle que du passage, & partant aura douze pieds de largeur; & pour la profondeur, elle est reglée par celle de la salle de dessous, qui est quatorze pieds: le reste de ce plan ne differe point du premier.

Et quant sur ceste mesme largeur d'edifice, la profondeur se trouueroit entre vingt-vn pieds & demy, & vingt-cinq, les mesures de la largeur demeurant en leur entier, il faudroit distribuer le surplus de la profondeur en la cour, & en la salle, selon le desir de celuy qui bastiroit.

Et auons trouué bon de declarer toutes les mesures des edifices, sur le discours particulier que nous auōs fait de la structure d'vn chacun: encor que nous les eussions marquez par chiffres sur les plans, pour plus grande instruction de ceux qui sont moins exercez en la cognoissance des plans.

ET POVR le regard des hauteurs, le premier estage aura neuf pieds sous soliues depuis l'aire de la salle; & l'espaisseur du plancher, les soliues comprises, aura huict pouces, qui sera plus que suffisamment sur vne si petite largeur. Dont toute la hauteur sera de neuf pieds huict pouces, laquelle estant departie en dix-huict marches, ce sera six pouces cinq lignes deux tiers pour la hauteur de chacune: laquelle distribution suiura aussi au second estage, lequel a neuf pieds de haut, comme le premier. Le troisiesme estage a de hauteur huict pieds sous soliues, & huict pouces d'espaisseur, compris les soliues & plancher: Ceste hauteur de huict pieds & huict pouces estant distribuée en seize marches, nous donnera six pouces & demy de hauteur pour chacune, qui sont deux tiers de ligne de plus que les autres marches, & partant leur difference est comme insensible.

Au dessus seront greniers.

Et d'autant que l'eschapée necessaire pour l'escalier est empeschée par la hauteur qu'il faut donner au priué, on descendra de la cour au priué par deux marches, dont l'vne sera dans la cour, & l'autre dans le priué, ayant chacune neuf pouces de hauteur.

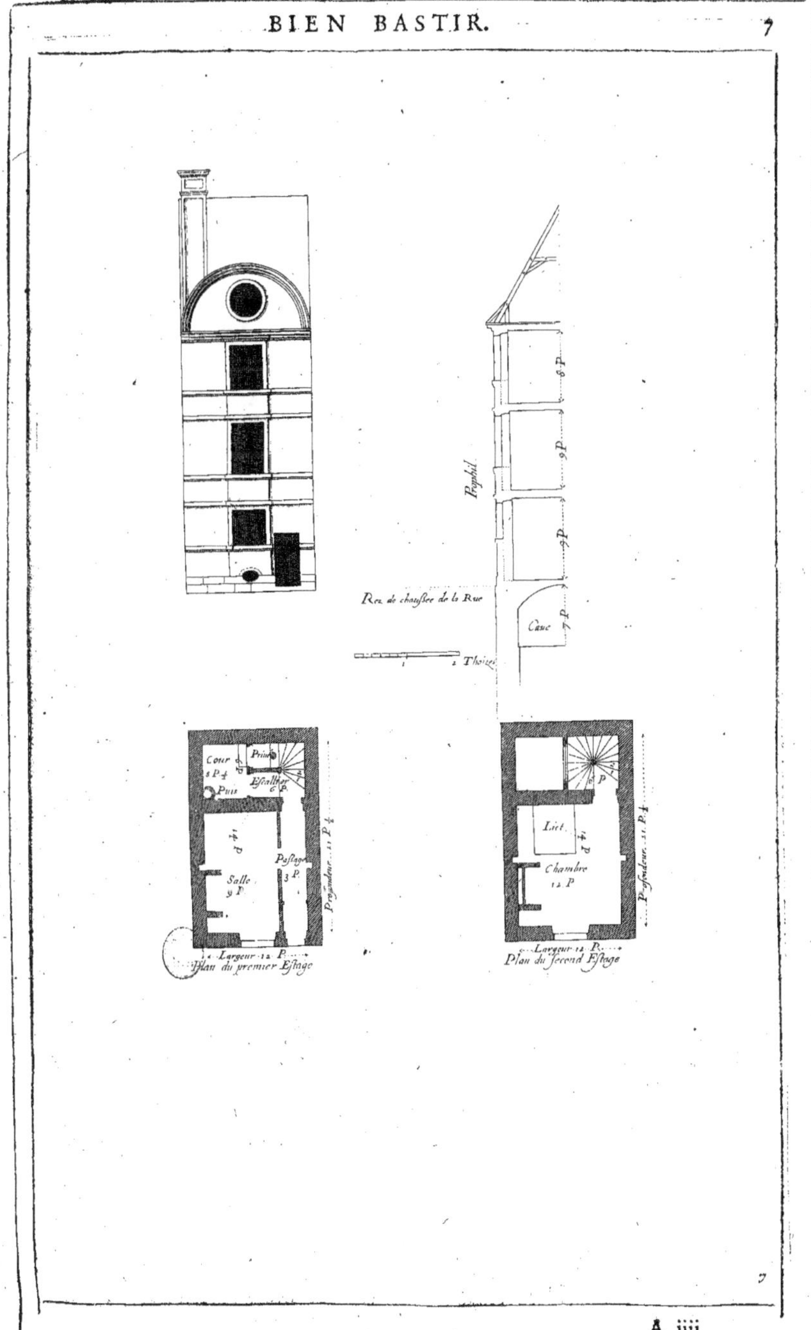
Profil
6 P.
9 P.
9 P.
Rez de chaussee de la Rue
Caue
7 P.
1 2 Thoises
Cour
5 P ½
Priué
Puis
Escallier
6 P.
14 P
Passage
3 P.
Salle
9 P.
Profondeur 21 P ½
Largeur 12 P.
Plan du premier Estage
Lict
14 P
Chambre
12 P
Profondeur 21 P ½
Largeur 12 P.
Plan du second Estage

DISTRIBVTION DE LA SECONDE PLACE, AYANT LA MESME LARGEVR DE DOVZE PIEDS, SVR VINGT-CINQ DE PROFONDEVR, LAQVELLE SERVIRA PAREILLEMENT IVSQVES A QVINZE PIEDS DE largeur, & trente cinq & demy de profondeur, le tout inclusiuement.

OVT AINSI que la largeur totale n'est en rien differente à celle de la figure precedente, aussi n'y aura il aucune difference aux parties. Doncques la salle aura neuf pieds de largeur, & le passage trois pieds, & ainsi pour l'estage de dessus, la chambre aura toute la largeur de douze pieds. Mais la distribution de la profondeur se peut faire en deux façons: l'vne comme la precedente, sans cabinet, donnant l'excez de la profondeur, qu'a ceste figure plus que la precedente, à la salle, ou à la cour, ou bien partie à l'vne, & partie à l'autre. La seconde façon est en prattiquãt vn cabinet au bout de la salle, & de mesme largeur de neuf pieds, sur trois pieds & demy de profondeur, qui est la moindre que vous puissiez dõner à vn cabinet; & ceste mesme profondeur de trois pieds & demy, est aussi la plus grãde que vous puissiez dõner au cabinet, en ceste profondeur presente: Car le faisant plus profond, vous n'aurez pas assez de place pour la situation du lict, & en ceste sorte il demeurera quatorze pieds de profondeur, tant pour la salle, que pour la chambre.

Et faut noter que depuis ceste largeur iusques à celle de dix-neuf pieds, le cabinet ne se peut trouuer en autre sens; mais venant à vingt, on le pourra changer, comme il sera dict cy-apres.

Et ou la largeur de la place sera plus grande que douze pieds, & plus petite que quinze; il faudra donner le surplus à la largeur de la salle & de la chambre, laissant tousiours le passage de trois pieds.

Et pour le regard de la profondeur, depuis vingt-cinq pieds, iusques à trente-cinq & demy; l'augmentation en sera departie à la salle, cabinet & cour, à la discretion du bastissant.

LES HAVTEVRS seront de neuf pieds sous soliues pour le premier & second estage, & de huict pieds pour le troisiesme, comme en la figure precedente; Et partant, la mesme hauteur des marches sera suiuie en l'ouurage present.

La precaution, pour le regard de l'eschappée de l'escalier au dessus du priué, sera gardée comme en la figure precedente.

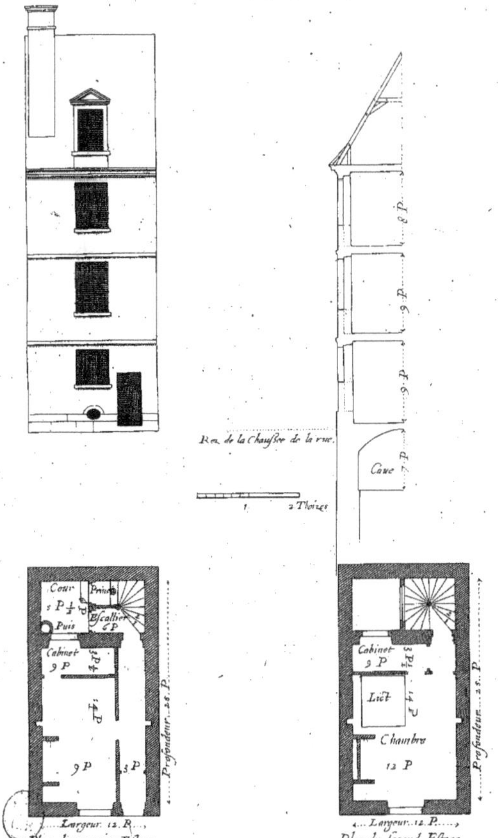

Rez de la Chaussée de la rue.

Caue

8 P.
9 P.
9 P.
7 P.

1 2 Thoises

Cour
Priué
5 P ½ P
Puis
Escallier 6 P
Cabinet 9 P
3 P ½
14 P
9 P
3 P
Profondeur 28 P.
Largeur 12 P.
Plan du premier Estage

Cabinet 9 P
3 P ½
Lict
14 P
Chambre 12 P
Profondeur 28 P.
Largeur 12 P.
Plan du second Estage

PREMIERE DISTRIBVTION
DE LA TROISIESME PLACE, DEPVIS QVINZE PIEDS DE LARGEVR IVSQVES A DIX-HVICT PIEDS ET DEMY; ET DE PROFONDEVR DEPVIS TRENTE-CINQ peds & demy, iusques à quarante huict pieds & demy.

CESTE distribution se peut faire en trois sortes diferẽtes, à chacune desquelles nous auons approprié son dessein. La premiere retient la diuision en largeur des precedentes en la salle de douze pieds, & le passage de trois, mais la profondeur adjouste aux precedentes vne cuisine par bas, & vne garderobe par haut, au lieu du cabinet. L'escalier retient sa premiere situation & largeur, mais non pas sa premiere forme: Car sa profondeur, compris l'escalier, en est augmentée iusques à dix pieds, qui est celle de la cour, & les marches se rencontrent de front à ceux qui entrent; ce qui n'auoit lieu aux desseins precedens. La cuisine aura doncques neuf pieds de profondeur, la salle quinze, & la cour dix, comme dit est: & en ceste distribution on pourra changer de place à la salle & à la cuisine fort aisement, n'estant question que de transporter la cloison, reseruant à chacune sa propre profondeur. Ce qui se doit aussi entendre de l'estage de dessus, si l'on veut, d'autant qu'on le peut laisser en sa forme, en changeant celuy de dessous.

Au surplus, nous auons voulu representer la face du deuant de cét edifice en biais, parce que cela arriue souuent aux situations des places des villes, afin de monstrer qu'encores qu'il y ait vne des faces biaise, il ne faut pas laisser de faire les appartemens auec des angles droicts; Ce qui soit dit vne fois pour toutes.

LA HAVTEVR du premier & second estage aura dix pieds sous soliues, qui seront dix pieds huict poulces, compris l'espaisseur du plancher; de laquelle hauteur la distribution se peut faire en l'escallier en deux manieres. La premiere, suiuant le dessein selon lequel on monte par dixneuf marches; & partant chacune marche aura six poulces neuf lignes de hauteur. La seconde maniere se pratique, en donnant huict marches au tournant de l'escalier, au lieu de dix, pour le rendre plus aisé, & continuant l'escalier en tournant iusques contre la chambre, qui le haussera de quatre marches, & ainsi nous aurons en tout vingt-vne marches: Par lesquelles estant diuisée toute la hauteur de dix pieds huict poulces, nous aurons pour la hauteur de chacune marche six poulces vne ligne, selon ceste seconde maniere.

Le troisiesme estage a de hauteur neuf pieds sous soliues, qui sera compris l'espaisseur du plancher neuf pieds huict poulces; lesquels diuisez par dixneuf marches, nous donneront six poulces vne ligne pour la hauteur de chacune.

Au dessus seront greniers, ou chambres en galletas, de sept à huict pieds sous soliues.

L'incommodité de l'eschapée de l'escalier au dessus du priué, s'esuitera par la maniere desduite cy dessus.

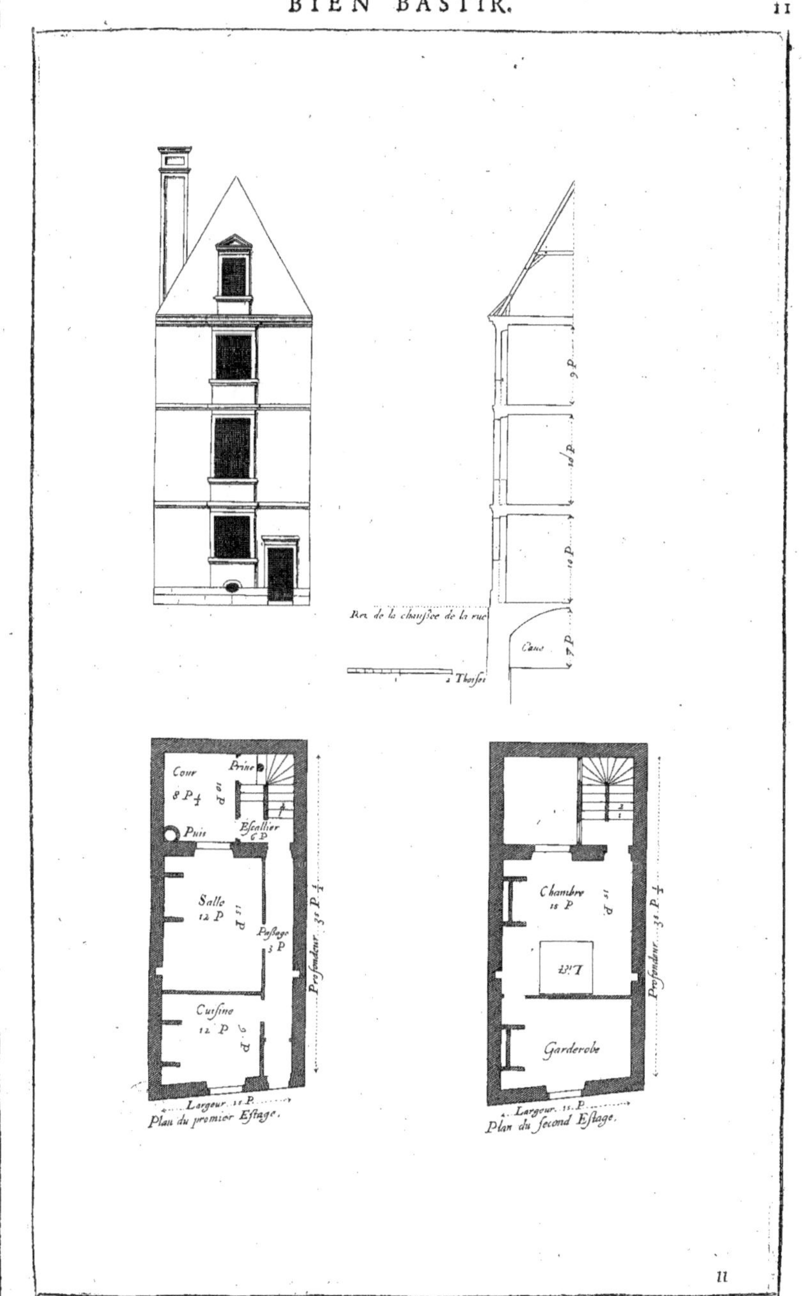
Rez de la chaussée de la rue
Caue
2 Thoises
9 P
10 P
10 P
7 P
Cour
8 P 1/4
Priué
10 P
Puis
Escallier
6 P
Salle
12 P
15 P
Passage
3 P
Cuisine
12 P
9 P
Profondeur 38 P 1/4
Largeur 15 P
Plan du premier Estage.
Chambre
15 P
15 P
Lict
Garderobe
Profondeur 38 P 1/4
Largeur 15 P
Plan du second Estage.

DEVXIESME DISTRIBVTION

DE LA TROISIESME PLACE.

A ſeconde maniere de diſtribution de la place ſus mentionnée retient bien celle de la precedente en la largeur, qui ſe partit en la ſalle, de douze pieds, & au paſſage de trois. La difference conſiſte au changemẽt de place de l'eſcallier, & de la cuiſine, & en l'eſlargiſſement de la cour pour l'eſtage de deſſous, & au changement de place de la chambre & garderobe en celuy de deſſus. La ſalle aura quinze pieds de profondeur, la cuiſine neuf, ſur huict & demy de largeur, d'autãt que le reſte eſt employé en l'eſcallier, qui a ſix pieds en quarré. La cour a dix pieds de profondeur ſur quinze de large; l'eſtage de deſſus eſt conforme à celuy de deſſous, hormis le paſſage: Tellement que la chambre aura quinze pieds en quarré, le tout dans œuure comme deſſus.

La hauteur du premier & ſecond eſtage aura dix pieds ſous ſoliue, qui ſera dix pieds huict poulces, compris l'eſpaiſſeur du plancher: Laquelle diuiſée par les dix neuf marches de l'eſcallier, nous donnera ſix poulces neuf lignes pour la hauteur de chacune marche.

La hauteur du troiſieſme eſtage aura neuf pieds huict poulces, compris l'eſpaiſſeur du plancher: Et partant chacune marche aura ſix poulces vne ligne de hauteur, comme en la figure precedente.

Au deſſus ſeront greniers ou chambres en galletas, de ſept à huict pieds ſous ſoliues de hauteur.

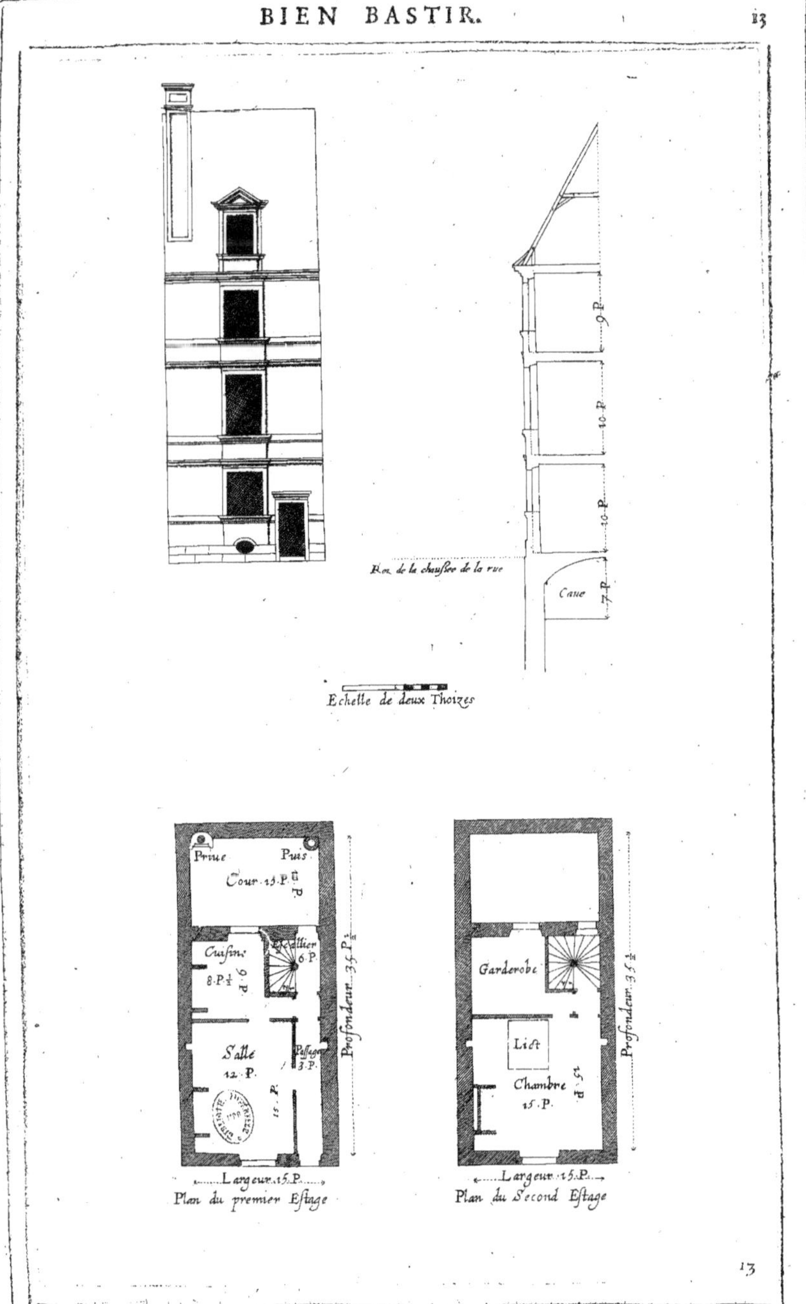
Rez de la chaussée de la rue
Caue
9.P.
10.P.
10.P.
7.P.
Echelle de deux Thoizes
Priue
Puis
Cour.15.P.
8.P.
Cuisine
8.P.½
9.P.
Escallier
6.P.
Salle
12.P.
Passage
3.P.
15.P.
Profondeur.35.P.½
Largeur.15.P.
Plan du premier Estage
Garderobe
Lict
Chambre
15.P.
15.P.
Profondeur.35.½
Largeur.15.P.
Plan du Second Estage

TROISIESME DISTRIBVTION DE LA TROISIESME PLACE.

A TROISIESME maniere retient la distribution precedente pour le regard de la largeur en la salle de douze pieds, & au passage de trois; mais faut faire changer de place à l'escalier, à la cuisine, & à la salle.

L'escalier doncques se rencontre sur le deuant, & a mesme largeur de six pieds en quarré. A l'endroit du noyau se fera vne seconde porte qui se tiendra fermée lors que la premiere sera ouuerte: à costé de l'escalier est la cuisine, ayant de profondeur neuf pieds & demy sur huict & demy de largeur; la salle quinze pieds de profondeur: & à l'vn des bouts se fera vn petit serre-nape; derriere lequel sera le priué: la cour aura neuf pieds & demy de profondeur sur dix & demy de largeur.

L'estage de dessus la garderobe sera en tout & par tout semblable à la cuisine, & la chambre aura quinze pieds en quarré, en vn angle de laquelle regnera vn cabinet sur toute la profondeur de la cour.

Et depuis la largeur de quinze pieds iusques à dix-huict & demy exclusiuement, vous pouuez garder la mesme distribution en donnant tousiours trois pieds au passage, & six à l'escalier, & eslargissant les autres parties du surplus. Mais pour le regard de la profondeur depuis trente cinq pieds & demy iusques à quarante cinq & demy, l'augmentation se distribuera sur la salle, cuisine & cour, à la discretion & volonté de celuy qui bastira; comme aussi luy est reseruée l'élection de l'vne des trois formes precedentes.

LA HAVTEVR du premier & second estage aura dix pieds sous soliues, & dix-neuf marches; & partant la hauteur de chacune marche sera de six pouces neuf lignes, comme en la figure precedente.

La hauteur du troisiesme estage aura, compris le plancher, neuf pieds huict pouces, & pareille quantité de marches; & partant la hauteur de chacune sera de six pouces vne ligne.

Au dessus seront greniers, ou chambres en galletas, de sept à huict pieds sous soliues de hauteur.

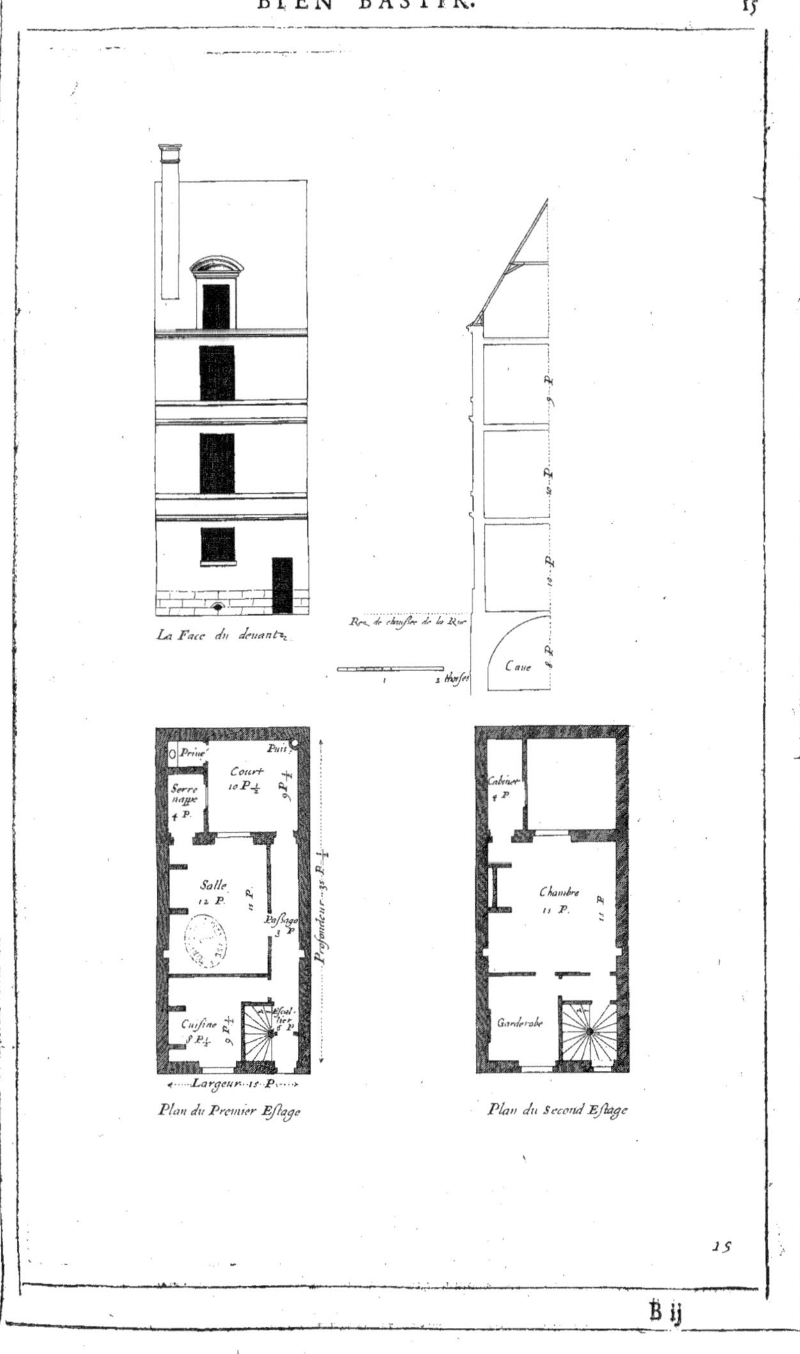
La Face du deuant
Rez de chaussée de la Rue
1 2 thoises
Caue
Priué
Puits
Court
10 P ½
9 P ½
Serre nappe
4 P.
Salle
12 P.
11 P.
Passage
3 P
Profondeur 35 P ½
Cuisine
8 P ½
9 P ½
Escallier
6 P
Largeur 15 P.
Plan du Premier Estage
Cabinet
4 P
Chambre
11 P.
11 P
Garderobe
Plan du Second Estage

DISTRIBVTION DE LA QVATRIESME PLACE DEPVIS DIX-HVICT PIEDS ET DEMY DE LARGEVR, IVSQVES A VINGT, ET DE PROFONDEVR DEPVIS CINQVANTE pieds iusques à soixante vn & demy.

N CETTE distribution vous gardez tousiours celle de la largeur en donnant trois pieds au passage, & le reste à la salle & autres appartemens. La diuersité d'auec les precedés consiste en vn corps de logis de plus, qui se fait au bout de la cour, dont vous pouuez faire seruir d'escurie l'estage d'embas, ou de chambre a vostre discretion. La salle donc aura quinze pieds de largeur sur dix-sept pieds de profondeur. La cuisine aura onze pieds & demy de largeur sur neuf de profondeur, à costé de laquelle sera l'escalier tousiours de six pieds en quarré. La cour aura dix-huict pieds & demy de largeur sur onze de profondeur. Au bout de laquelle sera vn petit corps de logis sur toute la largeur de dix-huict pieds & demy, sur dix pieds & demy de profondeur; & à l'vn des bouts de ladite largeur sera le priué, derriere lequel sera la place d'vn lict pour vn garçon. L'estage de dessus suiura la distribution de celuy de dessous, & aura de plus vne gallerie de trois pieds de largeur, pour aller d'vn corps de logis à l'autre. La chambre doncques aura dix-huict pieds & demy de largeur sur dix-sept de profondeur; & la garderobe onze pieds & demy de large sur neuf de profondeur.

Ceste distribution se pourroit encores changer en chacune des deux autres representées par la troisiesme & cinquiesme figure, n'estoit la difficulté de l'escalier lequel ne donneroit pas si commode communication d'vn corps de logis à l'autre, comme il fait en la presente forme.

Et de puis la largeur de dix-huict pieds & demy iusques à vingt, vous pouuez garder la mesme distribution, donnant tousiours trois pieds au passage, & six pieds en quarré à l'escalier, & eslargissant les autres parties de surplus. Mais pour le regard de la profondeur depuis cinquante pieds iusques à soixante vn pieds & demy, l'augmentation se distribuera sur la salle, cuisine, cour & logis de derriere, à la discretion & volonté de celuy qui bastira.

LA HAVTEVR du premier & secōd estage du principal corps de logis qui est sur le deuāt aura dix pieds sous solíues, qui sera dix pieds huict pouces, compris l'espaisseur des solíues & plancher; laquelle hauteur distribuée aux dix-neuf marches de l'escalier, nous dōnera six pouces neuf lignes pour la hauteur de chacune.

Le troisiesme estage aura neuf pieds huict pouces de haut, compris l'espaisseur des solíues & plācher, laquelle distribuée sur pareille quantité des marches, ce sera six pouces vne ligne sur la hauteur de chacune.

Au dessus seront greniers ou chambres en galetas de sept à huict pieds sous solíues.

La hauteur du corps de logis de derriere aura huict pieds quatre pouces sous solíues, qui sera neuf pieds compris l'espaisseur des solíues & plācher; & d'autant que la hauteur de chacune marche est de six pouces neuf lignes, il y faudra mōter par seize marches, dont les douze se prendrōt en l'escalier, & les quatre, tant en l'espaisseur du mur qu'en la profondeur de la gallerie.

Le secōd estage aura neuf pieds sous solíues, & neuf pieds huict pouces, cōpris l'espaisseur des solíues & plancher, & au dessus seront greniers.

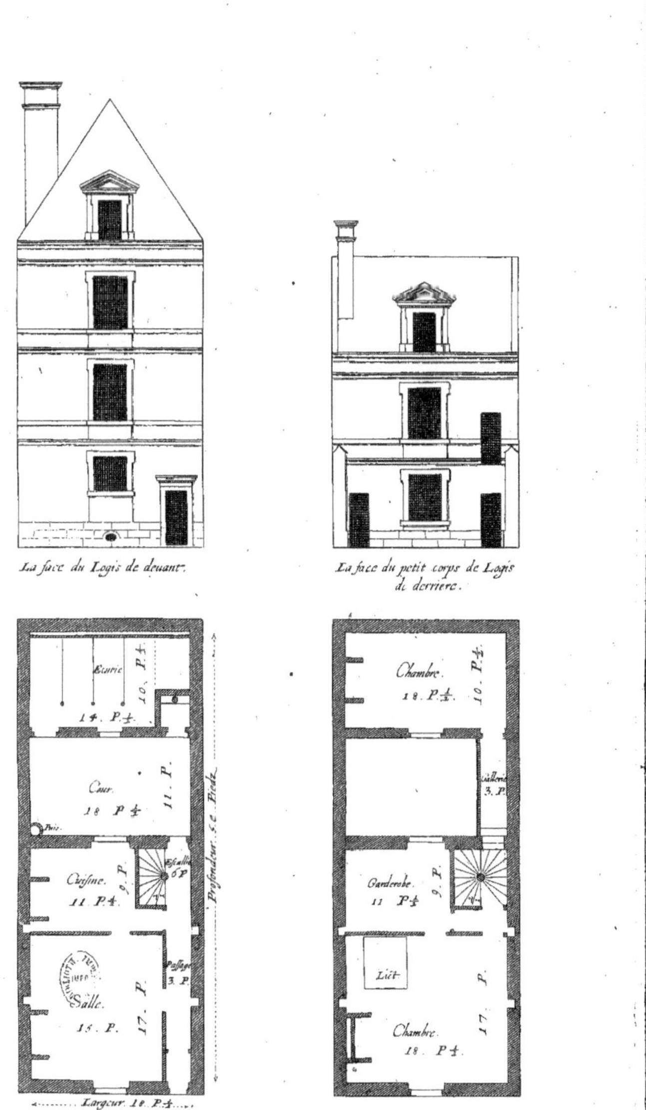
La face du Logis de deuant.
La face du petit corps de Logis de derriere.
Escurie. 14. P. ½. 10. P. ½.
Cour. 18 P ½. 11. P.
Puis.
Cuisine. 11. P. ½. 9. P.
Escallier 6 P.
Passage 3. P.
Salle. 15. P. 17. P.
Profondeur 56 Piedz
Largeur 18. P. ½.
Plan du premier Estage.
Chambre. 18. P. ½. 10. P. ½.
Gallerie 3. P.
Garderobe. 11 P ½. 9. P.
Lict.
Chambre. 18. P ½. 17. P.
Plan du second Estage.
1 2 3 4 Thoises.

DISTRIBVTION DE LA CINQVIESME PLACE DEPVIS VINGT PIEDS DE LARGEVR, IVSQVES A TRENTE, ET SVR LA MESME PROFONDEVR DE SOIXANTE ET vn pieds & demy.

A GRANDEVR de ceste place nous donne des aduantages que nous ne pouuions auoir aux precedentes, c'est pourquoy sa distribution est grandement differente des autres, & pouuons auoir deux cours au lieu d'vne, & vn escalier à deux palliers, & le passage assis au milieu, ou en l'angle, à nostre choix, au lieu qu'aux bastimens precedents il estoit relegué en l'angle necessairement. Ce passage donc est constitué au milieu de la largeur de l'edifice de quatre pieds de largeur, ayant d'vn costè la cuisine & l'escalier, & de l'autre le gardemanger.

La cuisine, comme aussi le gardemanger, auront de largeur huict pieds, sur dix de profondeur, la cour aura treize pieds de largeur sur dix-neuf de profondeur, & le reste de la largeur qui sont sept pieds demeureront pour la largeur de l escalier, compris l'espaisseur du mur. De la cour on monte deux marches pour entrer en la salle qui aura vingt pieds de largeur sur dix-huict de profondeur, & le reste de la profondeur, qui est dix pieds, sera employé en vne petite cour de derriere, & en vn cabinet à l'vn des angles de la salle, qui aura six pieds de largeur sur la mesme profondeur de la cour.

Pour l'estage d'enhaut du corps de logis de deuant, vous aurez la chambre & escalier d'vn costé, & la garderobe de l'autre, la chambre aura treize pieds de largeur sur dix de profondeur, & la garderobe sept pieds de largeur sur la mesme profondeur, & en l'vn des angles de la chambre, entre la chambre & l'escalier sera le priué.

Pour le corps de logis de derriere, la chambre aura treize pieds de largeur sur dix-huict de profondeur, la garderobe sept pieds de largeur, sur quinze de profondeur, le cabinet de dessus sera semblable à celuy de dessous.

Ceste distribubution se peut changer sans alterer aucune des mesures. Premierement en laissant le passage dans le milieu où il est, ce qui se peut faire en deux manieres: Assauoir en transposant la cuisine & le gardemanger d'vne main á l'autre, & ne bougeant l'escalier de sa place, ou bien en faisant le mesme eschange, & transposant aussi l'escalier. Et celle cy semble estre plus à props, d'autant que la cuisine, l'escalier, & entrée de la salle estans de mesme costé, le seruice se fera à couuert: Secondement le changement se peut faire en ostant le passage du milieu pour le situer à l'vne des extremitez; quoy faisant vous poserez la cuisine & le gardemanger l'vn contre l'autre, & pourrez eslargir la cuisine iusques à dix & douze pieds, que vous gaignerez sur le gardemanger, qui n'a pas besoin de si grande largeur; en quoy faisant vous auez election de situer, ou le passage, ou la cuisine du costé de l'escalier, selon que vous trouuerez l'vn plus à propos que l'autre.

Cette distribution se peut encore changer en quatre sortes, selon les desseins portez par les figures, trois, quatre, cinq, & sixiesme, en separant l'augmentation de la plce, tant en largeur qu'en profondeur, à chacun appartement, selon qu'il sera trouué plus conuenable.

Et depuis la largeur de vingt pieds iusques à trente, vous ne pouuez rien changer en la forme, mais bien pourrez vous donner sept ou huict pieds de largeur à vostre escalier, & le reste à la salle, & autres parties: & lors que vostre largeur excedera vingt quatre pieds, il faudra changer l'assiete de vos poutres de la largeur en la profondeur. Pour la profondeur elle ne reçoit point d'autre changement que celuy qui est mentionné cy dessus.

Et la mesme largeur demeurant comme dessus, si la profondeur n'excedoit point cinquante huict pieds, alors il ne faudroit plus parler de faire deux cours, mais la distribution se pourroit faire en l'vne des deux manieres suiuantes.

LA HAVTEVR du premier & second estage du corps de logis sur le deuant aura neuf pieds sous soliues, qui seront neuf pieds huict pouces, compris l'espaisseur des soliues & plancher. On y montera par vingt & vne marches, & partant la hauteur de chacune sera de cinq pouces six lignes vn tiers.

Du rez de chaussée de la cour, on montera par deux marches pour entrer en la salle du principal corps de logis qui est derriere, laquelle salle aura de hauteur depuis l'aire sous soliues onze pieds, qui sera, compris l'espaisseur des soliues & plancher. onze pieds huict pouces. Et d'autant que les marches ont cinq pouces six lignes vn tiers de haut, il en faudra vingt six, dont il y en a dix-neuf en l'escalier, resteront sept marches qui seront practiquées dedans le rampant qui est sur la cour.

Le second estage du principal corps de logis aura dix pieds sous soliues, & huict pouces d'espaisseur de plancher, compris les soliues, & partant on y montera par vingt trois marches de cinq pouces & demy chacune.

Le troisiesme estage aura neuf pieds huict pouces, compris l'espaisseur du plancher, & partant on y montera par vingt & vne marches de cinq pouces & demy chacune.

Au dessus seront greniers, ou chambres en galletas de sept à huict pieds sous soliues de hauteur.

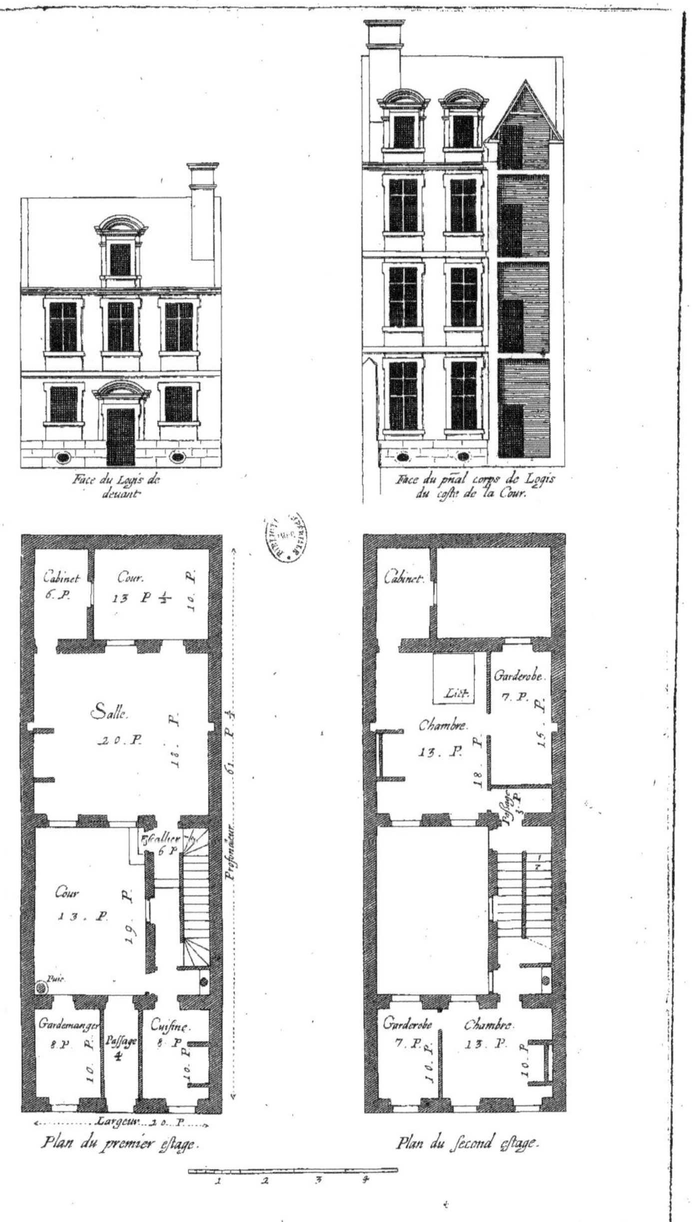
Face du Logis de deuant
Face du pñal corps de Logis du costé de la Cour.
Cabinet 6. P.
Cour. 13 P ½ 10. P
Salle. 20. P. 18. P
Escallier 6 P
Cour 13. P. 19. P
Puic
Gardemanger 8. P. 10. P
Passage 4
Cuisine. 8. P 10. P
Profondeur 61. P ½
Largeur 20. P
Plan du premier estage.
Cabinet.
Lict.
Garderobe. 7. P. 15. P
Chambre. 13. P. 18. P
Passage 3. P
Garderobe 7. P. 10. P
Chambre. 13. P. 10. P
Plan du second estage.
1 2 3 4

DISTRIBVTION DE LA SIXIESME PLACE DE TRENTE PIEDS DE LARGEVR, IVSQVES A TRENTE-HVICT PIEDS, ET DE CINQVANTE HVICT DE PROfondeur, iusques à cent.

EN LA premiere figure de ceste distribution qui est la huictiesme en ordre, la largeur de trẽte pieds est diuisée en vn passage de quatre pieds & demy, & vne salle de vingt cinq pieds sur vingt de profondeur, laquelle est suiuie de la cour qui a dix neuf pieds de profondeur. & de largeur vingt vn. Et le reste de la largeur employé en vn escalier qui a huict pieds de largeur dans œuure. Le reste de la profondeur est employé en vn corps de logis derriere, ayãt quinze pieds de profõdeur, dõt la largeur se diuise en vne cuisine de dix-neuf pieds, & vn gardemanger de dix. La distribution du second estage suit celle du premier, horsmis au corps de logis de deuant, où la chambre aura vingt pieds en quarré, & la garderobe neuf pieds & demy de largeur.

Et quand sur la mesme largeur la profondeur se fust trouuée plus grande, en sorte que l'on eust peu practiquer vne cour ou iardin sur le derriere, on eust peu faire que le corps de logis de derriere eust esté esclairé de deux costés, sans changer la distribution des parties.

Il faut noter qu'en tous les desseins precedens, à cause du peu de largeur des places nous auons fait estat de cloisons d'ais qui n'ont qu'vn pouce d'espais. Aux suiuans où nous auons plus de commodité pour la largeur, nous les supposons de charpẽterie & plastre, dont les posteaux & sablieres auront de quatre à six pouces, afin que personne ne se trompe aux nombres par lesquels sont marquez les largeurs & profondeurs de nos appartemens, lesquels doiuent tousiours estre entendus dans œuure comme cy deuant.

Il faut aussi prendre garde que iusques icy nous auons tousiours donné huict pouces pour l'espaisseur des soliues & du plancher, qui sont trois pouces pour l'espaisseur du plãcher & cinq pouces pour celles des soliues, qui estoit suffisamment pour la petite portée des edifices precedens. Maintenant pour ceux qui suiuent, nous en donnons neuf, dont les six sont pour l'espaisseur des soliues, & trois pour l'espaisseur du plastre qui ne croist ny diminuë.

QVANT AVX HAVTEVRS, l'aire de la salle sera plus haute d'vn pied que le rez de chaussée de la cour, à laquelle salle on mõtera par deux marches. La salle aura de hauteur sous soliues douze pieds trois pouces, & compris les soliues & espaisseur du plancher treize pieds; à laquelle hauteur on montera par vingt six marches de six pouces chacune, dont les vingt trois seront au rampant adossé contre le mur, & les trois autres à celuy qui regarde la cour.

Le second estage aura onze pieds neuf pouces, compris l'espaisseur du plancher, laquelle diuisée par vingt six marches, nous donnera cinq pouces cinq lignes pour la hauteur de chacune.

Le troisiesme estage aura dix pieds neuf pouces, compris l'espaisseur du plancher, laquelle diuisée par vingt six marches donnera cinq pouces pour la hauteur de chacune.

Au dessus seront greniers ou chãbres en galletas de sept à huict pieds sous soliues de hauteur.

Le corps de logis de derriere sera aussi plus haut d'vn pied que le rez de chaussée de la cour, auquel on montera pareillement par deux marches, & aura de hauteur depuis l'aire sous soliues dix pieds neuf pouces, & auec l'espaisseur des soliues & plãcher onze pieds & demy: ausquels on montera par vingt trois marches de l'escalier de six pouces chacune. Et pour le second estage, il aura de hauteur sous soliues neuf pieds huict pouces, & auec les soliues & plancher dix pieds cinq pouces de laquelle hauteur, il faut deduire, vn pied & demy pour la hauteur de trois marches, qui sont au rampant qui regarde sur la cour: reste huict pieds onze pouces à monter par des marches qui auront cinq pouces cinq lignes chacune, & partant il y en aura vingt, dont il faudra faire la distribution contre le mur.

Au dessus seront greniers ou chambres en galletas, de sept à huict pieds sous soliues de hauteur.

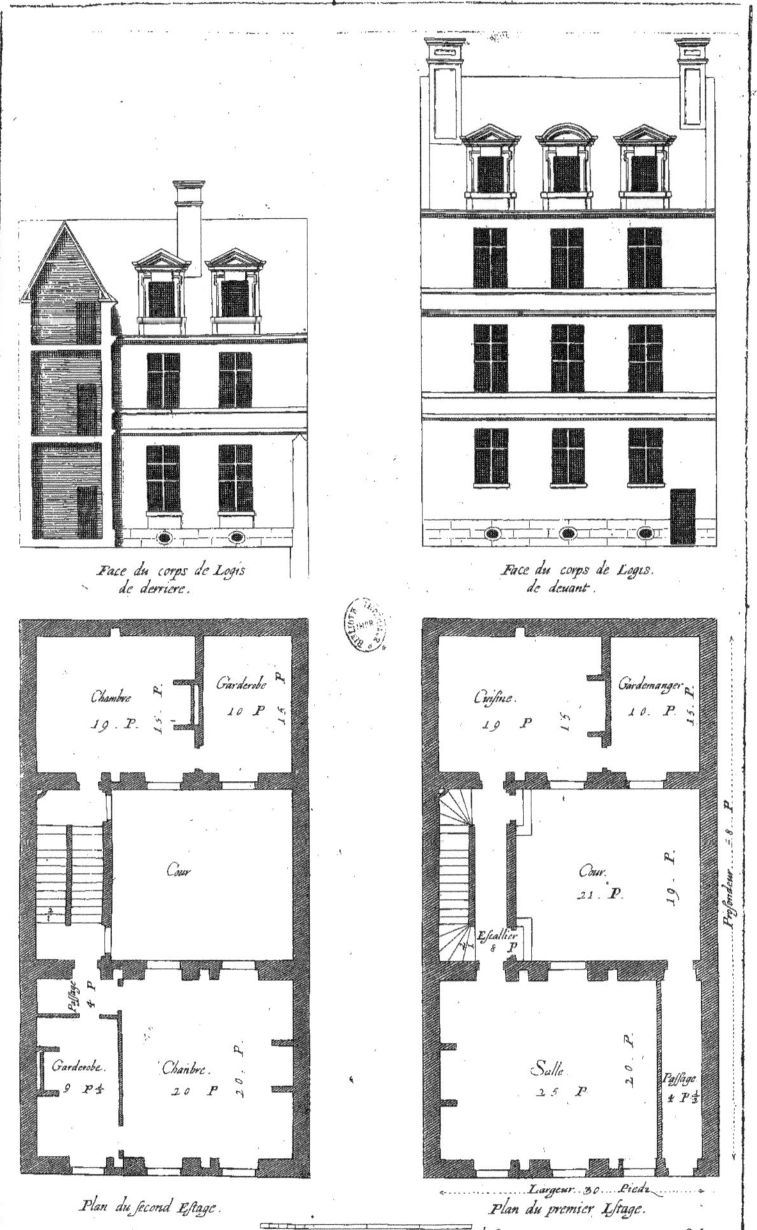

Face du corps de Logis de derriere.

Face du corps de Logis. de deuant.

Plan du second Estage.

Plan du premier Estage.

DEVXIESME DISTRIBVTION

DE LA SIXIESME PLACE, AYANT MESME LARGEVR DE TRENTE PIEDS, ET DE PROFONDEVR CINQVANTE HVICT PIEDS.

A seconde distribution de ce mesme espace, suit en largeur la separation precedente, en vn passage de quatre pieds & demy, & le reste en vne salle de vingt-cinq pieds, sur vingt de profondeur, laquelle est suiuie d'vne cuisine de dix sept pieds de profondeur, sur vingt de largeur; & le reste de la largeur est employé en l'escalier, qui a neuf pieds de large dans œuure; & au bout de la cuisine est vn gardemanger de huict pieds de largeur, sur onze de profondeur, derriere lequel est le priué. Et par ce moyen nous auons fait vn corps de logis double, en mettant la cour derriere, qui a vingt & vn pied de largeur, sur dix-sept & demy de profondeur.

Il n'y a aucun changement en l'estage de dessus, sinon que la chambre a vingt pieds en quarré, & la garderobe neuf pieds & demy en largeur, ou l'on pourra faire vne cheminée ainsi qu'il est porté par la figure cy deuant.

Povr les havtevrs, la salle aura douze pieds trois pouces sous soliues, & treize pieds, compris l'espaisseur des soliues & plancher; auquel estage on montera par vingt six marches de six pouces chacune.

Le second estage aura onze pieds neuf pouces de hauteur, compris l'espaisseur du plancher, & monteront par vingt quatre marches.

Le troisiesme estage aura dix pieds neuf pouces, compris l'espaisseur des soliues & plancher, auquel on montera par vingt deux marches.

Au dessus se feront greniers ou chambres & galletas à la maniere susdite.

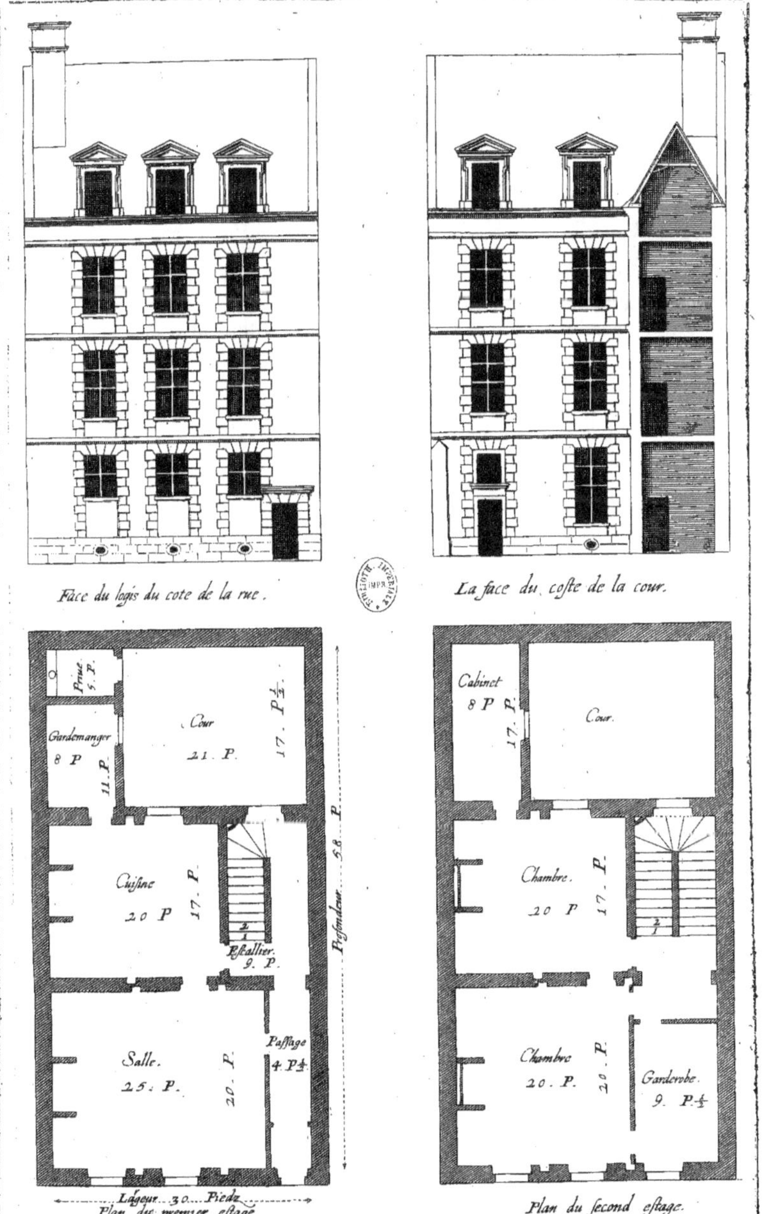
Face du logis du cote de la rue.
La face du coste de la cour.
Priue. 5. P.
Cour
21. P.
17. P 1/2
Gardemanger
8 P
11. P.
Cuisine
20 P
17. P.
Escallier. 9. P.
Profondeur 58 P
Salle.
25. P.
20. P.
Passage 4. P 1/2
Lageur 30 Piedz
Plan du premier estage
Cabinet
8 P
17. P.
Cour.
Chambre.
20 P
17. P.
Chambre
20. P.
20. P.
Garderobe.
9. P. 1/2
Plan du second estage.
1 2 3 4 Thoises

DISTRIBVTION DE LA SEPTIESME PLACE, DE TRENTE-HVICT PIEDS DE LARGEVR OV ENVIRON, ET DE PROFONDEVR CENT PIEDS.

ESTE PLACE n'a qu'vne seule distribution, d'autant que tout le changement qui se peut faire d'icelle peut estre reduict aux deux figures precedentes. Elle a doncques trente-huict pieds de largeur sur cent pieds de profondeur, & consiste en deux corps de logis; le premier sur le deuant, dont la largeur se distribuë en vne cuisine de quatorze pieds de large sur vingt pieds de profond, & vne escurie ayant pareilles dimensions que la cuisine, & vn passage pour carrosse entre les deux, de neuf pieds de largeur. Apres suit la cour ayant trente pieds de profondeur sur vingt-huict de largeur, & le reste de la largeur sur toute ceste profondeur est employée en vn escalier qui a neuf pieds de largeur, & en vn gardemanger de pareille largeur, sur sept pieds de profondeur, ioignant la cuisine.

Le principal corps de logis qui est sur le derriere, consiste en vne salle, ayant vingt cinq pieds de largeur, sur vingt deux de profondeur; & au reste de la largeur est vne chambre ou sallette, entre laquelle & l'escalier y a vn passage de quatre pieds, au fonds duquel se pratiquera vn priué. Au reste de la profondeur sera vn iardin, dans lequel on entrera par la salle, ou par la sallette, ainsi que l'on voudra.

L'estage de dessus a les mesmes distributions que celuy de dessous, reserué qu'au corps de logis de deuant sur l'escurie est vne chambre sur le passage, vne garderobe; & sur la cuisine, vn cabinet.

Il arriuera quelquefois que la place proposée aura plus de largeur que les susdites, & moins de profondeur qu'il en faudroit pour construire deux corps de logis, en la situation qu'ils sont aux figures precedentes, & alors il faut changer l'ordonnance selon l'vne des manieres qui sera deduite cy-apres.

La descente de la caue se fera par le dessous de l'escalier, tant au principal corps de logis qu'en celuy sur le deuant; & si l'on vouloit du costé de la ruë, par dessous la cheminée de la cuisine.

Iardin
38. P.
22. P.
Salle
25. P.
22. P.
Chambre
12. P. ¼
17. P. ½
Passage
4. P.
Escallier
9. P.
Court
28. P.
30. P.
Gardemanger
9. P.
7. P.
Passage pour le Carrosse.
9. P.
Escurie
14. P.
20. P.
Cuisine
14. P.
20. P.
Profondeur 100 Piedz
Largeur 38 P.
Plan du premier Estage.
Iardin
Lict
Chambre
Garderobe
Court
Passage
4. P.
Chambre
16. P.
20. P
Lict
Garderobe
9. P.
15. P. ½
Cabinet
12. P.
15. P. ¼
Plan du Second Estage.
1 2 3 4 Thoises.

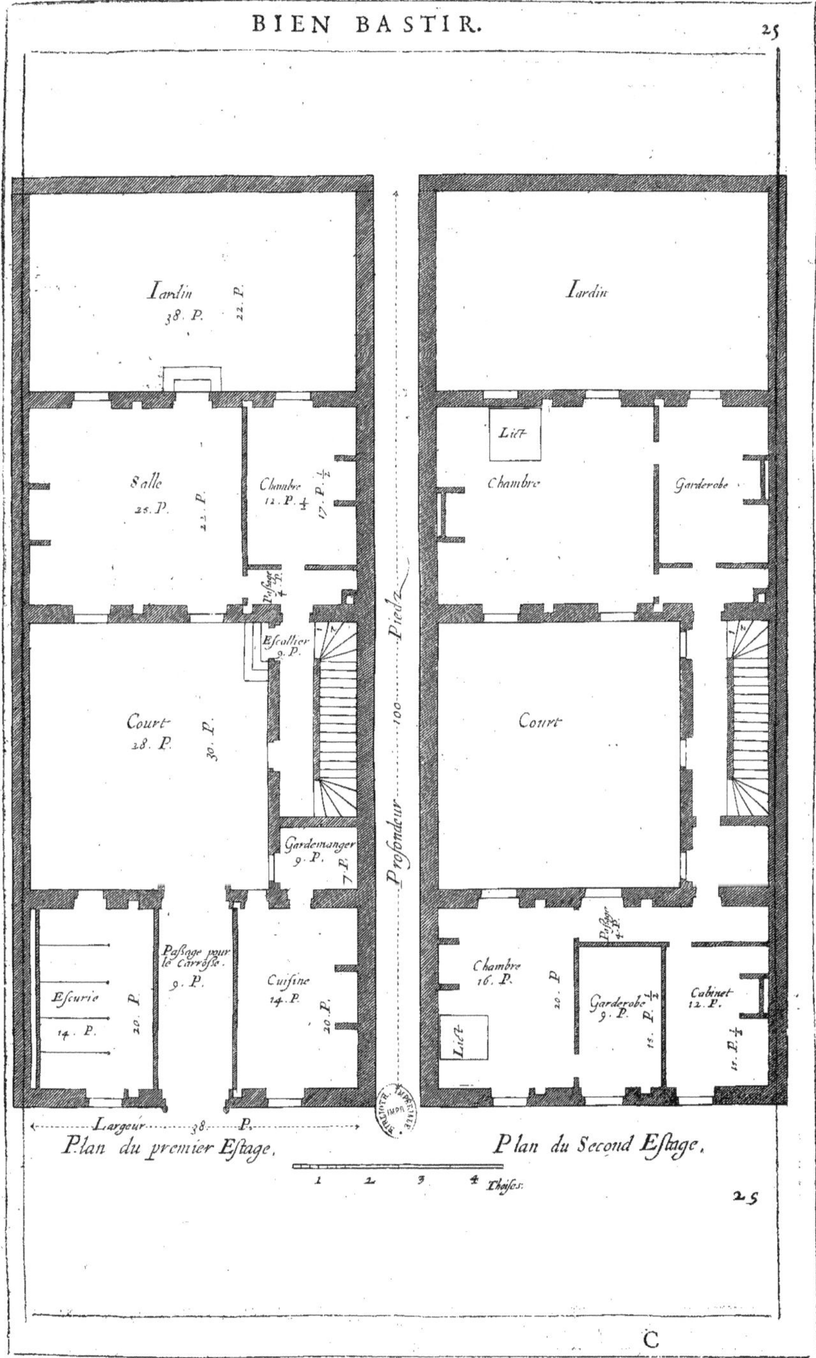

C

ELEVATION DE LA FACE
TANT DV CORPS DE LOGIS DE DEVANT QVE
CELVY DE DERRIERE DE LA SEPTIESME PLACE.

'Aire du corps de logis de deuant aura mesme niueau auec celle de la cour; le premier estage aura de hauteur quatorze pieds six poulces sous soliues, & quinze pieds trois poulces, compris l'espaisseur des soliues & plancher, auquel on montera par trois marches de six poulces de hauteur chacune, qui sera l'aire du pallier de l'escallier & du corps de logis de derriere, lequel aura de hauteur sous soliues treize pieds, & compris l'espaisseur des soliues & plancher, treize pieds neuf poulces: auquel on montera par vingt quatre marches, de six poulces dix lignes chacune, lesquelles vous conduiront tant au corps de logis de deuant, qu'en celuy de derriere, puis qu'ils ont mesme niueau.

Le second estage, tant de deuant que de derriere, sera esleué de douze pieds sous soliues, & douze pieds neuf poulces, compris l'espaisseur des soliues & plancher, auquel on montera par vingt-quatre marches, lesquelles auront six poulces cinq lignes chacune.

Le troisiesme estage, tant de deuant que de derriere, aura de hauteur dix pieds sous soliues, & auec l'espaisseur des soliues & plancher, dix pieds neuf poulces, auquel on montera par vingt-quatre marches de cinq poulces cinq lignes chacune.

Au dessus, sont greniers ou chambres en galletas, de huict à neuf pieds sous soliues de hauteur.

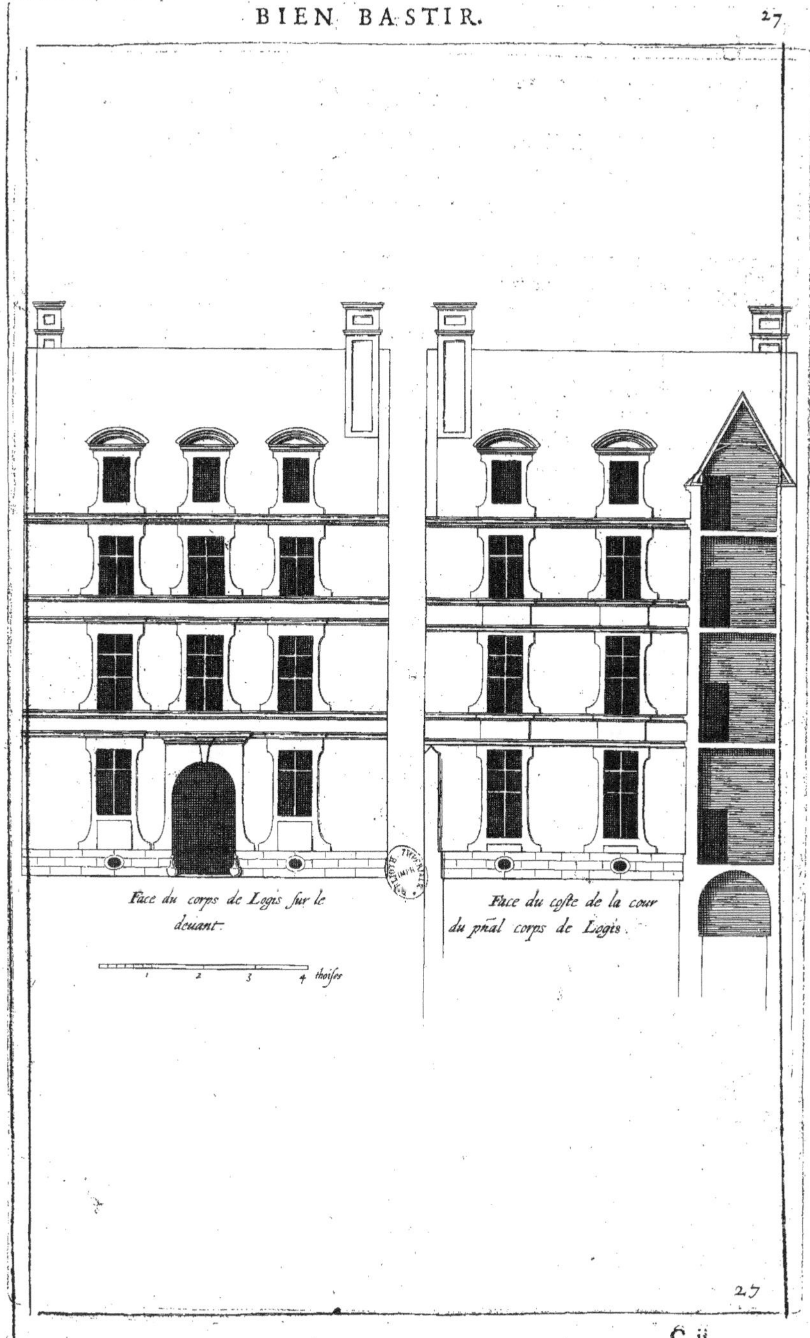
Face du corps de Logis sur le deuant.
1 2 3 4 thoises
Face du coste de la cour du pñal corps de Logis.

DISTRIBVTION DE LA HVICTIESME PLACE, AYANT DE LARGEVR CINQVANTE PIEDS, SVR CINQVANTE HVICT PIEDS DE PROFONDEVR.

A DISTRIBVTION ſe peut faire en trois manieres, en la premiere deſquelles ceſte largeur de cinquante pieds eſt employée en vn corps de logis ſur le deuant, de vingt deux pieds de profondeur, dont la largeur ſe diſtribuë en vne ſalle de vingt ſept pieds & demy, vn paſſage de huict pieds, & vne eſcurie de treize. Le reſte de la profondeur conſiſte en vne cour de trente deux pieds de largeur, & le reſte de la largeur comprend vne cuiſine, gardemanger, & eſcalier ioignant la ſalle, dont les meſures ſont deſcrites ſur le plan ; & à l'vn des angles de l'eſcalier ſera le priué. La diſtribution du ſecond plan ſe verra en la feüille ſuiuante.

POVR LES hauteurs, l'aire des ſalle, eſcalier gardemanger, & cuiſine, ſeront de plain pied, eſleuez d'vn pied au deſſus du rez de chauſſée de la cour: de laquelle on ira à l'eſcurie de plain pied comme aux autres; on y montera par deux marches.

Le premier eſtage aura treize pieds neuf poulces, compris l'eſpaiſſeur des ſoliues & plancher, auquel on montera par vingt ſept marches, de ſix poulces vne ligne chacune.

Le ſecond eſtage aura douze pieds neuf poulces, compris l'eſpaiſſeur des ſoliues & plancher; auquel on montera par vingt ſix marches, de ſix poulces de hauteur chacune.

Le troiſieſme eſtage aura de hauteur onze pieds neuf poulces, compris l'eſpaiſſeur des ſoliues & plancher, auquel on montera par vingt-quatre marches de ſix poulces de hauteur.

Et au deſſus ſe fera chambre en galletas, ou grenier.

Face du corps de Logis de deuant.

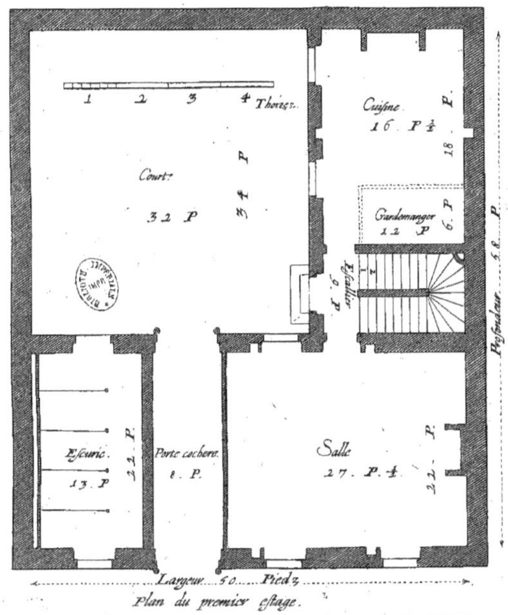

Plan du premier estage. 29

SECOND ESTAGE DE LA PREMIERE DISTRIBVTION DE LA HVICTIESME PLACE.

E SECOND estage consiste en deux chambres & vne garderobe; la premiere assise sur la salle, ayant treize pieds & demy de largeur ; sur dix sept & demy de profondeur, le reste de la profondeur estant employé en vn passage de quatre pieds entre ladite chambre & l'escalier; la seconde chambre joignant la premiere aura dix-neuf pieds de largeur, sur toute la profondeur de vingt-deux pieds; la garderobe sera de treize pieds de largeur sur la mesme profondeur; la place du lict de la principalle chambre se peut mettre contre la cloison.

Au dessus de la cuisine & du gardemanger sera vne chambre de seize pieds & demy de largeur, sur vingt-quatre de profondeur, & est à l'option de celuy qui bastit d'esleuer esgalement les deux corps de logis, ou autrement, ainsi qu'il verra bon estre.

L'eleuation de la face qui regarde la cour est icy inserée au dessus de l'eleuation du second estage: mais elle n'a besoin d'aucune declaration particuliere, pour ce qu'elle ne change point de mesure auec la precedente.

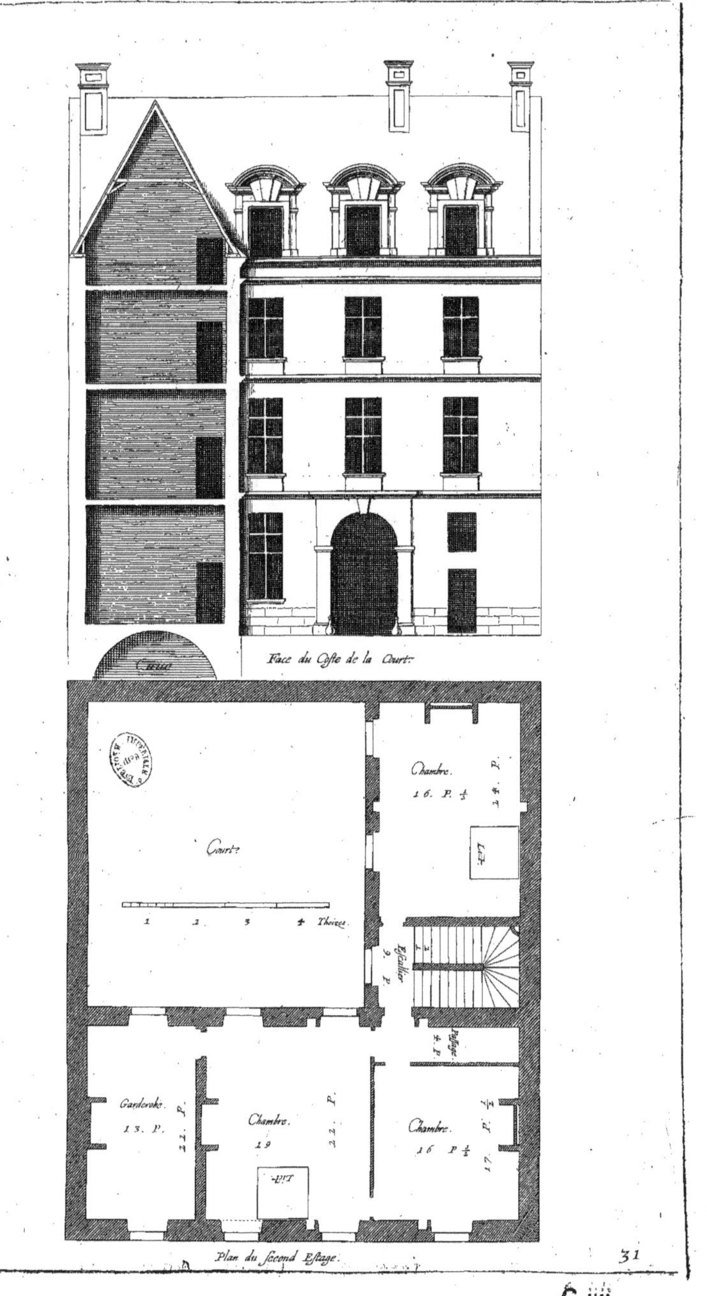
Face du Coste de la Court.
Chambre.
16. P. ½
Lit.
Court.
1 2 3 4 Thoizes.
Escallier
9 P.
Passage
4 P.
Garderobe.
13. P.
22. P.
Chambre.
19
22. P.
Lit.
Chambre.
16 P ½
17. P. ½
Plan du second Estage.
31

DEVXIESME DISTRIBVTION
DE LA HVICTIESME PLACE, AYANT MESME LARGEVR DE CINQVANTE PIEDS, SVR CINQVANTE HVICT DE PROFONDEVR.

A SECONDE maniere ſelon laquelle ſe peut diſtribuer l'eſpace ſuſmentionné; eſt par vn corps de logis ſcitué ſur le deuant, ayant de profondeur trente huict pieds & demy dans œuure, ſur toute la largeur, laquelle ſe diſtribuera ſur le deuant en vne ſalle, ayant trente pieds de largeur ſur vingt de profondeur, vn paſſage de cinq pieds, & vne eſcurie de quatorze pieds de largeur. Le derriere comprendra vne cuiſine & vne chambre, l'eſcalier eſtant entre les deux. La cuiſine aura vingt-cinq pieds de largeur ſur dix-ſept de profondeur, l'eſcalier neuf pieds, & vne chambre treize pieds & demy. Au bout de la cuiſine eſt vn gardemanger ayant neuf pieds de largeur, ſur onze pieds & demy de profondeur, derriere lequel ſera le priué: l'on pourra mettre à vn des angles de l'eſcalier vn priué pour ſeruir en haut. La cour aura quarante pieds de largeur ſur dix-ſept & demy de profondeur.

La deſcente de la caue ſe prendra toute droicte ſous le premier rampant de l'eſcalier.

Que ſi on vouloit dedans la meſme profondeur tenir la cour vn peu plus grande, on pourroit gaigner deux pieds ſur la profondeur de la ſalle.

POVR LES HAVTEVRS, l'aire du logis ſera deux pieds plus haut que le rez de chauſſée de dehors, & pour y monter vous pourrez auoir diuerſes façons. La premiere en prenant vne marche ou deux ſur la ruë, & le reſte en l'eſpaiſſeur du mur, s'il vous eſt permis: ſinon vous prendrez toutes les marches dans le paſſage, ainſi qu'elles ſont ponctuées ſur le plan. Et pour deſcendre en la cour qui aura meſme rez de chauſſée que le dehors (l'eſcoulement des eaux deduit) on prendra deux marches dans le paſſage de l'eſcalier, & deux au dedans de la cour, afin de donner eſchappée conuenable à la porte de la cour.

Le premier eſtage aura de hauteur treize pieds ſous ſoliues, & treize pieds neuf poulces, compris l'eſpaiſſeur des ſoliues & plancher, auquel on montera par vingt neuf marches de cinq poulces huict lignes de hauteur chacune.

Le ſecond eſtage aura de hauteur douze pieds neuf poulces, compris l'eſpaiſſeur des ſoliues & plancher, auquel on montera par vingt ſix marches, qui auront cinq pieds vne ligne de hauteur chacune.

Le troiſieſme eſtage aura dix pieds neuf poulces de hauteur, compris l'eſpaiſſeur des ſoliues & plancher, auquel on montera par vingt ſix marches de cinq poulces chacune.

Au deſſus ſe feront greniers ou chambres en galletas de huict à neuf pieds ſous ſoliues.

La face du Logis de deuant.

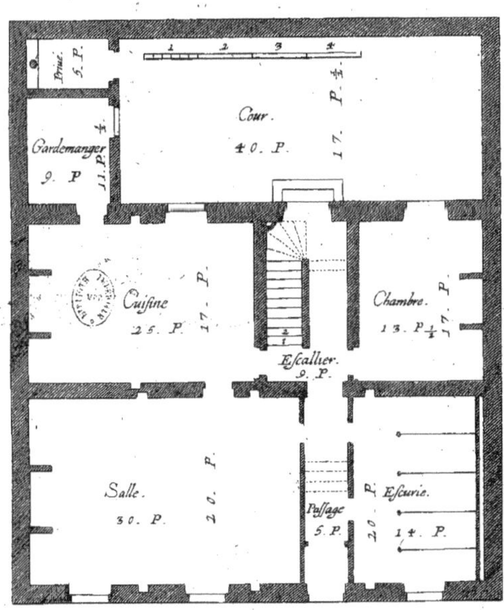

Plan du premier estage.

SECOND ESTAGE DE LA

DEVXIESME DISTRIBVTION DE LA HVICTIESME PLACE.

E SECOND estage consiste en deux chambres sur le deuant, & vne garderobe ou cabinet entre deux. La premiere chambre aura vingt-cinq pieds de largeur, sur vingt de profondeur; la garderobe ou cabinet dix pieds de largeur, sur quinze & demy de profondeur, à cause d'vn passage de quatre pieds derriere ledit cabinet. La chambre aura quatorze pieds de largeur, sur toute la profondeur, & sur le derriere y aura deux chambres, & l'escalier entre deux; la premiere de vingt-cinq pieds de large, sur dix sept de profondeur, l'escalier de neuf pieds de largeur, l'autre chambre ou cabinet treize pieds & demy de large, sur toute ladite profondeur de dix sept pieds. Au bout de la premiere chambre sur le gardemanger sera vne garderobe, sur toute la profondeur de la cour.

Toutes les parties de ces estages sont tellement desgagées, que l'on s'en peut seruir ainsi que l'on voudra.

Vous auez au dessus du plan du second estage, l'eleuation de la face qui regarde la cour, laquelle pour n'auoir point de mesures separées, n'a besoin d'aucune particuliere declaration.

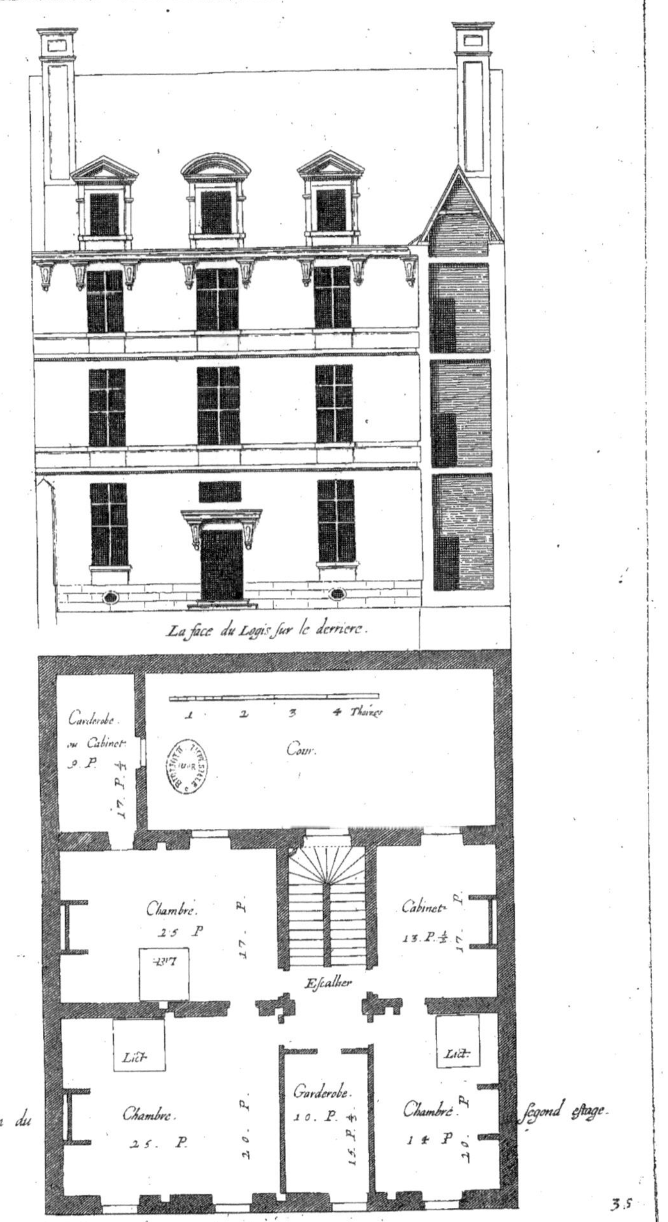
La face du Logis sur le derriere.
1 2 3 4 Thoises
Garderobe ou Cabinet 9. P.
17. P. ½
Cour.
Chambre. 25 P
17. P
Lict.
Escalier
Cabinet. 13. P. ½
17. P
Lict.
Lict.
Chambre. 25. P.
20. P.
Garderobe. 10. P.
15. P. ½
Chambre. 14 P
20. P
Plan du segond estage.

TROISIESME DISTRIBVTION

DE LA HVICTIESME PLACE DE MESME LARGEVR DE CINQVANTE PIEDS, SVR CINQVANTE HVICT DE PROFONDEVR.

ESTE distribution consiste semblablement en vn corps de logis double, ayant de profondeur dans œuure trente six pieds, sur toute la largeur de cinquante pieds, laquelle se distribuera en vne salle, escurie, & cuisine, lesquelles escurie & cuisine seront separées de la salle par vn passage & escalier. La salle aura vingt pieds de largeur, sur toute la profondeur, l'entrée & escalier neuf pieds de largeur, l'escurie dix huict pieds de largeur sur quinze pieds & demy de profondeur, la cuisine aura mesme largeur de dix-huict pieds, sur vingt de profondeur; en suite de laquelle sera vn gardemanger de neuf pieds, de large, & quatorze pieds de profondeur. Derriere le gardemanger sera vn priué; la cour aura quarante pieds de largeur, sur vingt de profondeur; le passage aura depuis l'entrée iusques au pallier de l'escalier quinze pieds & demy.

La descente de la caue se prendra toute droite sous le rampant de l'escalier.

POVR LES hauteurs, l'aire du logis sera deux pieds plus haut que le rez de chaussée de dehors: & pour y monter vous pourrez prendre vne marche ou deux sur la ruë, & le reste en l'espaisseur du mur, en cas qu'il vous soit permis de prendre des marches en la ruë: sinon vous les prendrez toutes dans le passage, ainsi qu'elles sont ponctuées dans le plan, & pour descendre en la cour, on prendra deux marches dans le passage de l'escalier, & deux au dedans de la cour, afin de donner à la porte de la cour son eschapée.

Le premier estage aura treize pieds de hauteur depuis l'aire sous soliues, & treize pieds neuf poulces, compris l'espaisseur des soliues & plancher, auquel on montera par trente vne marches, de cinq poulces huict lignes chacune.

Le second estage aura douze pieds neuf poulces, compris l'espaisseur des soliues & plancher, auquel on montera par vingt quatre marches, de six poulces quatre lignes & demy chacune.

Le troisiesme estage aura dix pieds neuf poulces de hauteur, compris l'espaisseur des soliues & plancher, auquel en montera par la mesme quantité de vingt-quatre marches, de cinq poulces quatre lignes & demy chacune.

Et au dessus seront greniers, ou chambre en galetas, de sept à huict pieds sous soliues de hauteur.

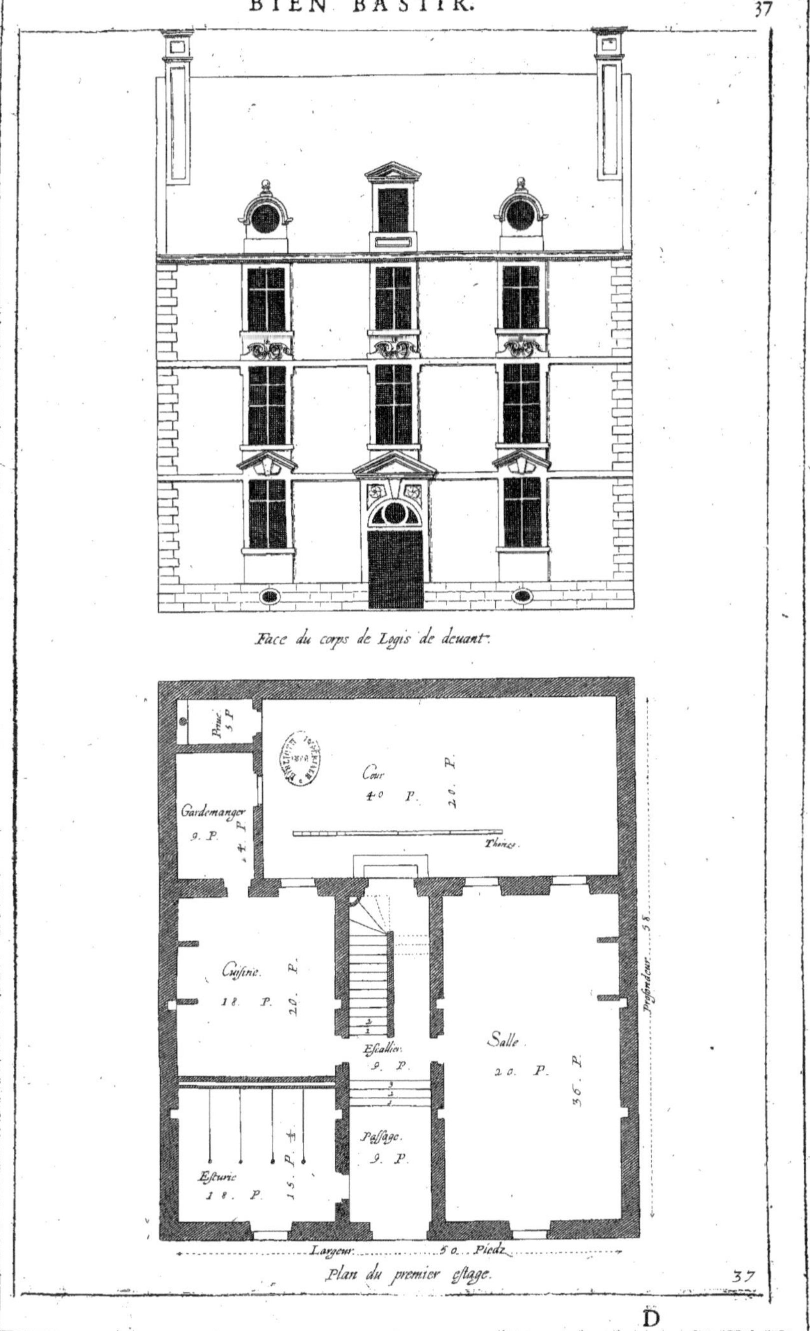

Face du corps de Logis de deuant.

Plan du premier estage.

SECOND ESTAGE DE LA TROISIESME DISTRIBVTION DE LA HVICTIESME PLACE.

LE SECOND estage consiste en deux chambres, chacune accompagnée de garderobe & cabinet. La premiere chambre sur le derriere, & sur la salle aura vingt pieds en quarré, & le reste de la profondeur qui est quinze pieds & demy, sera pour la garderobe sur la mesme largeur. Le cabinet sera au dessus du passage & aura neuf pieds de largeur, sur douze de profondeur: la seconde chambre sur la cuisine ayant dix-huict pieds de largeur & de mesme profondeur que la precedente de vingt pieds, & le cabinet sera sur le derriere au dessus du gardemanger, sur toute la profondeur de la cour, qui est vingt pieds. Quant à la garderobe elle contiendra le mesme espace de l'escurie, sur laquelle elle est assise.

Au dessus du plan du second estage, est l'eleuation qui regarde la cour.

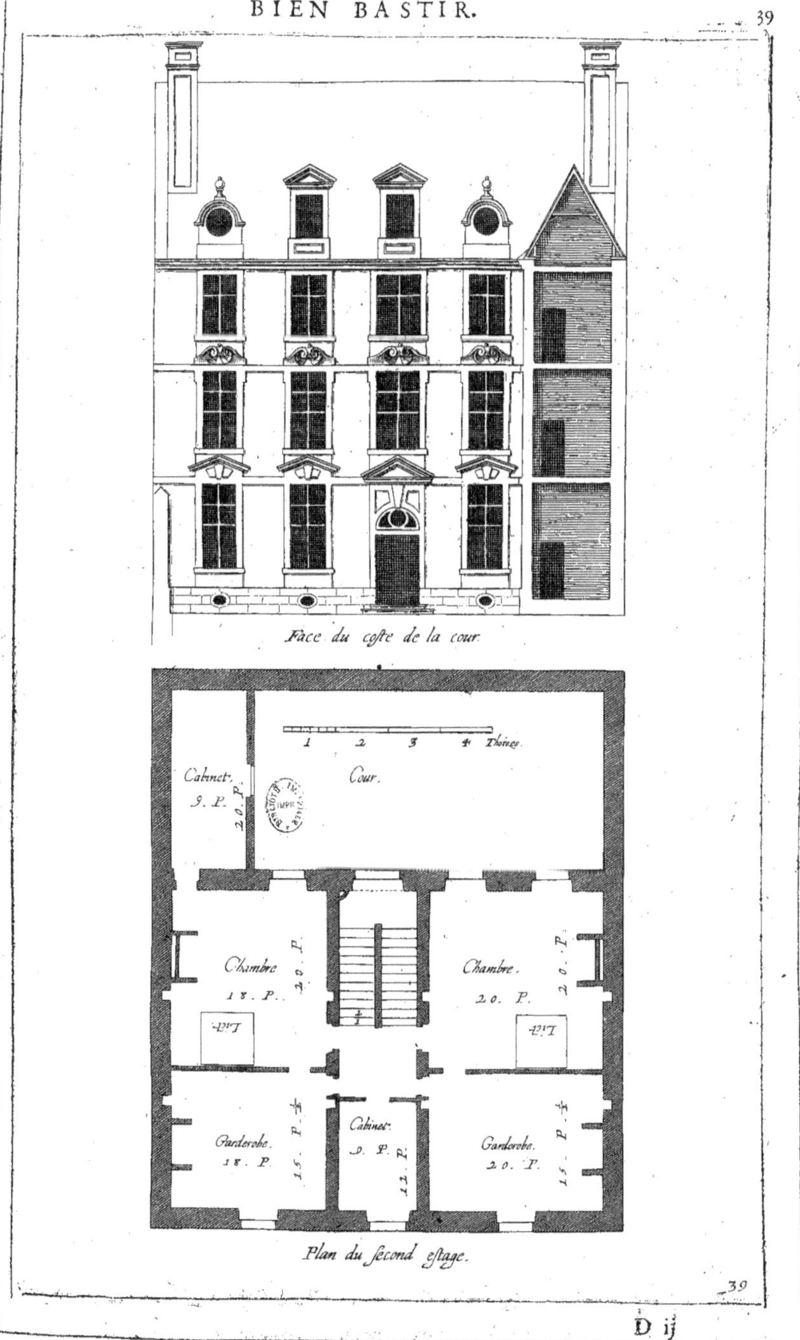

Face du coste de la cour.

Plan du second estage.

DISTRIBVTION DE LA NEVFIESME PLACE, DE LA LARGEVR DE CINQVANTE SEPT PIEDS ET, SVR SIX-VINGTS PIEDS DE PROFONDEVR.

Ette place ſe peut diſtribuer en cinq manieres, chacune deſquelles a ſon deſſein particulier: la premiere contient deux corps de logis, le premier ſur le deuant, le ſecond ſur le derriere: Celuy de deuant a vingt pieds de profondeur, ſa largeur conſiſte en vne cuiſine ayant vingt pieds de largeur, vn gardemanger onze pieds, vn paſſage pour le caroſſe neuf, & vne eſcurie quinze. Au bout de la cuiſine eſt vn eſcalier, ayant de largeur treize pieds & demy, ſur quinze de profondeur, derriere l'eſcalier eſt vne gallerie de meſme largeur que l'eſcalier, ſur vingt ſix pieds de profondeur: à l'vn des angles de l'eſcalier ſera le priué, ou au lieu marqué (A) la cour aura quarante deux pieds en quarré.

Le corps de logis de derriere, qui ſera le principal, aura vingt-deux pieds de profondeur, ſur meſme largeur que celuy de deuant, & conſiſtera en vne ſalle de trente pieds de largeur, vn eſcalier de dix pieds, & vne chambre de quinze pieds. Le iardin aura trente pieds de profondeur, ſur toute la largeur de cinquante ſept.

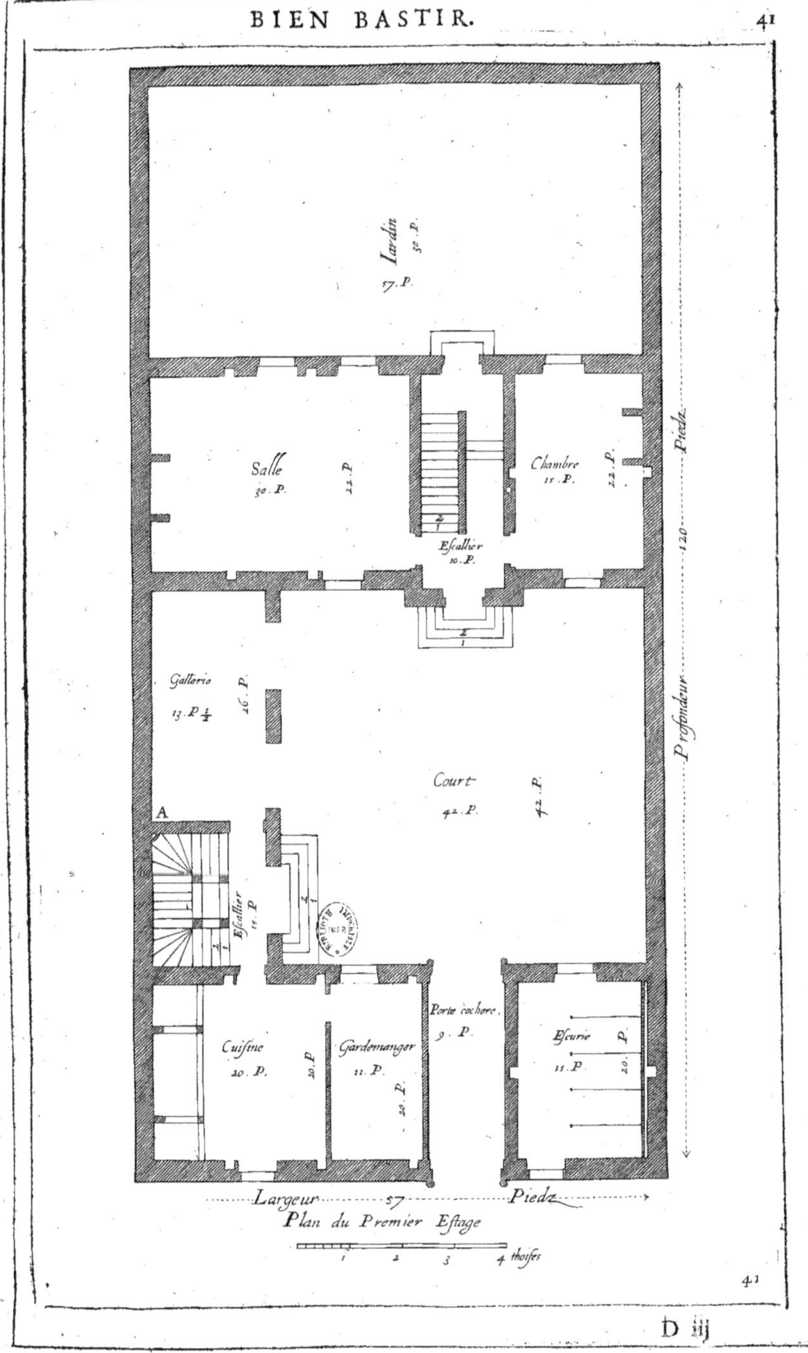

Plan du Premier Estage

SECOND ESTAGE DE LA PREMIERE DISTRIBVTION DE LA NEVFIESME PLACE.

E SECOND estage consiste en vne garderobe assise sur la cuisine, ayant quinze pieds de largeur, sur quinze & demy de profondeur, à cause d'vn passage de quatre pieds entre elle & l'escalier; vne chambre vingt-cinq pieds de largeur, sur toute la profondeur de vingt pieds; & vne autre chambre de quinze pieds de profondeur. Ioignant le passage susmentioné, est l'escalier suiuy d'vn cabinet de vingt six pieds de profondeur, qui le joint au principal corps de logis, lequel consiste en vne chambre & garderobe au dessus de la salle: la chambre ayant dix neuf pieds de largeur, & la garderobe dix & demy: joignant laquelle est l'escalier mentionné en l'estage d'embas, & en suite, vne chambre de quinze pieds, le tout sur la profondeur de vingt deux: le priué se pratiquera dans l'espaisseur du mur de refend l'escalier.

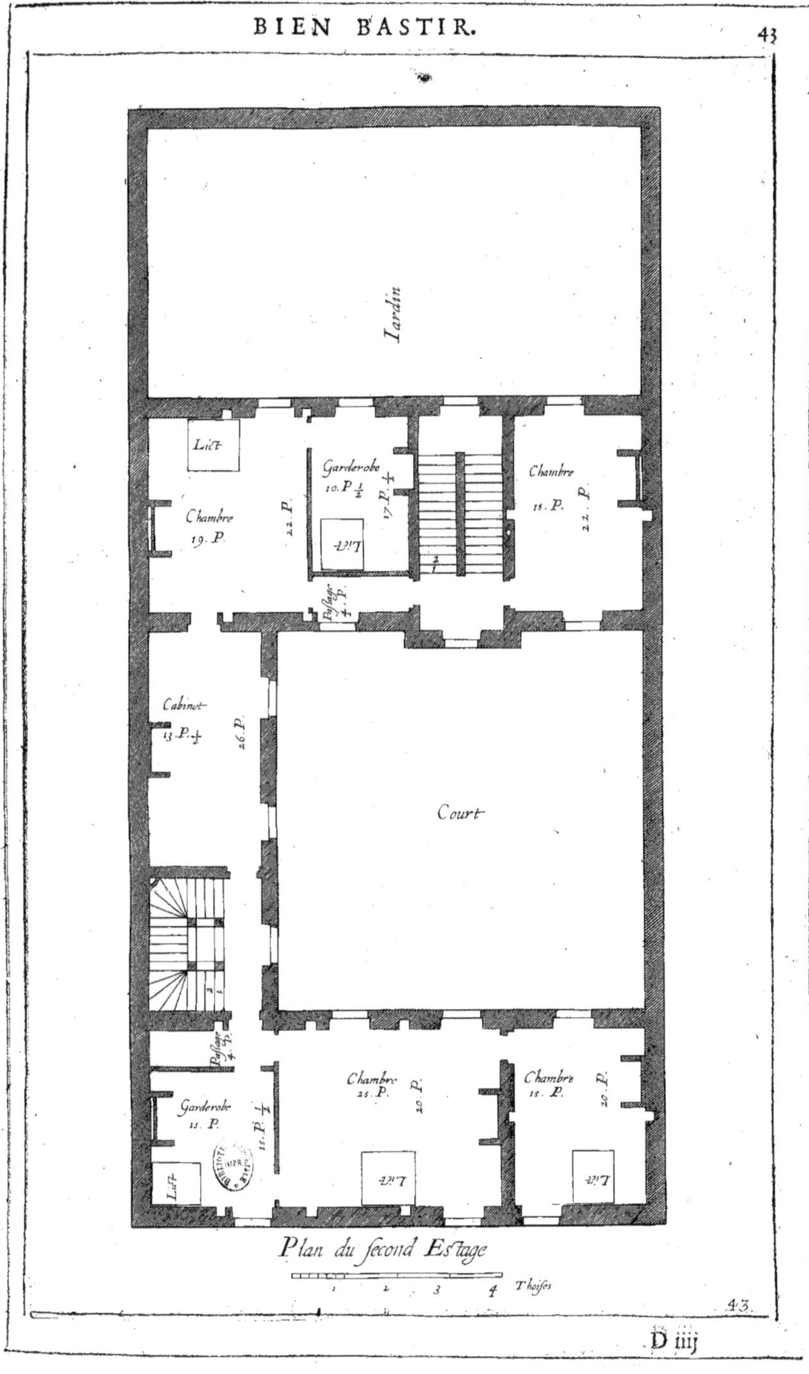

Plan du second Estage

1 2 3 4 Thoises

ELEVATION DV CORPS DE LOGIS DE DEVANT, DV COSTE' DE LA COVR DE LA NEVFIESME PLACE, DISTRIBVEE SELON LA PREMIERE MANIERE.

E CORPS de logis de deuant, horsmis l'escurie & le passage sera esleué au dessus de l'aire de chaussée de la cour, de deux pieds, ausquels on montera par quatre marches prises en la cour à l'endroit de l'escalier.

LA HAVTEVR du premier estage, depuis l'aire, sera de treize pieds neuf poulces, compris l'espaisseur des soliues & plancher, à laquelle hauteur on montera par vingt cinq marches de six poulces sept lignes de hauteur chacune.

Le second estage aura de hauteur douze pieds neuf poulces, compris l'espaisseur des soliues & plancher, auquel on montera par vingt-cinq marches de six poulces vne ligne chacune.

Le troisiesme estage aura de hauteur onze pieds neuf poulces, compris l'espaisseur des soliues & plancher, auquel on montera par vingt-cinq marches de cinq poulces huict lignes de hauteur chacune.

Et au dessus, sont greniers ou chambres en galletas, de huict à neuf pieds sous soliues de hauteur.

La face du Logis de deuant du coste de la Court.

1 2 3 4 Thoizes

ELEVATION DV PRINCIPAL

CORPS DE LOGIS DV COSTE' DE LA COVR DE LA NEVFIESME PLACE, DISTRIBVEE SELON LA PREMIERE MANIERE, LEQVEL CORPS DE logis est celuy de derriere.

E CORPS de logis de derriere sera esleué au dessus du rez de chaussée de la cour, de deux pieds, ausquels on montera par quatre marches, prises en ladite cour; & pour descendre de l'aire du logis au iardin, on prendra deux marches au passage de l'escalier, & deux dedans le iardin, afin de donner à la porte dudit iardin l'eschapée conuenable.

LA HAVTEVR du premier estage, depuis l'aire, sera de treize pieds neuf poulces, compris l'espaisseur des soliues & plancher, à laquelle hauteur on montera par vingt huict marches miparties sur les deux rampans de l'escalier, lesquelles marches auront cinq poulces onze lignes de hauteur chacune.

Le second estage aura de hauteur douze pieds neuf poulces, compris l'espaisseur des soliues & plancher, auquel on montera par vingt-huict marches de cinq poulces & demy chacune.

Le troisiesme estage aura de hauteur onze pieds neuf poulces, compris l'espaisseur des soliues & plancher, à laquelle hauteur on montera par vingt-huict marches de cinq poulces chacune.

Et qui voudroit garder au second & troisiesme estage mesme hauteur de marches qu'au premier, qui sont cinq poulces onze lignes, il s'en trouueroit vingt six au second estage, & vingt-quatre au troisiesme estage; lequel changement on peut encore faire par toutes les autres eleuations.

Au dessus seront greniers ou chambres en galetas, de huict à neuf pieds sous soliues de hauteur.

La face du grand Logis du coste de la Court.

1 2 3 4 Thoises

SECONDE DISTRIBVTION

DE LA NEVFIESME PLACE, DE MESME LARGEVR DE CINQVANTE SEPT PIEDS, SVR SIX-VINGT PIEDS DE PROFONDEVR.

LA SECONDE distribution de l'espace susmentioné, consiste en deux corps de logis, l'vn sur le deuant, l'autre sur le derriere, le premier ayant vingt pieds de profondeur, dont la largeur consiste en vne escurie, porte cochere, & cuisine. L'escurie à double rang a de largeur vingt trois pieds & demy, le passage pour le carosse neuf pieds, & la cuisine vingt deux & demy, à costé de laquelle est le gardemanger de dix pieds de largeur, sur onze de profondeur, à vn des angles duquel sera le priué: En suite du gardemanger est l'escalier, sur la mesme largeur de dix pieds, & vingt-quatre de profondeur. La cour aura trente quatre pieds de largeur, sur toute la profondeur de l'escalier & gardemanger, qui font trente six pieds, y compris l'espaisseur du mur entre le gardemanger & l'escalier. Le reste de la largeur est employée en vn escalier joignant l'escurie, & vne gallerie au bout: l'escalier a dix pieds en quarré, & la gallerie vingt-cinq de profondeur, sur pareille largeur, dans laquelle on pourra mettre les carosses, & derriere les carosses au lieu marqué (A) se pourra mettre vn priué.

Le corps de logis de derriere, qui est le principal, aura de profondeur vingt deux pieds, sur toute la largeur de cinquante sept. Il consiste en vne salle qui a trente six pieds de largeur, & vne chambre de dix neuf pieds & demy. Aux deux angles de ce corps de logis, se pourront faire par le dehors, dans le iardin, deux petites aduances pour priués, qui ne seront esleuez que iusques au second estage: le iardin aura trente six pieds de profondeur, sur toute la largeur, dans lequel on descendra par vn perron.

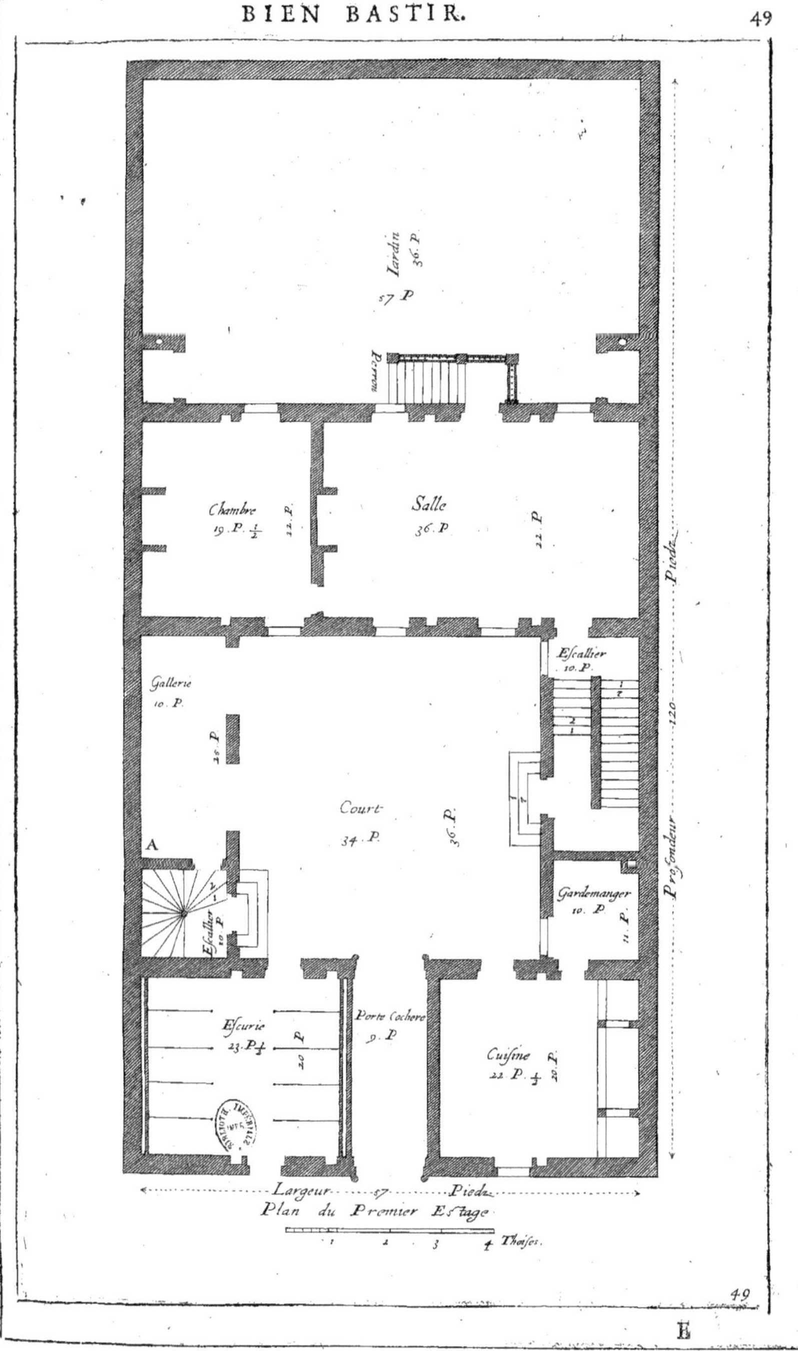

Plan du Premier Estage

SECOND ESTAGE DE LA DEVXIESME DISTRIBVTION DE LA NEVFIESME PLACE.

E SECOND estage consiste en deux chambres, au milieu desquelles est vne garderobe; la premiere assise sur la cuisine, ayant vingt trois pieds de largeur, la garderobe douze, sur quinze pieds & demy de profondeur. A cause du passage, elle sera pour seruir à l'vne des deux chambres, & la deuxiesme chambre sur l'escurie aura vingt pieds en quarré. Ioignant la premiere chambre, & dessus le gardemanger sera vn vestibule de mesme grandeur & forme que le gardemanger; & de l'autre costé de la cour sera vne gallerie entre l'escalier & le principal corps de logis, qui aura vingt cinq pieds de profondeur, & consistera en deux chambres & vne garderobe. La premiere ioignant la gallerie aura dix neuf pieds & demy de largeur; la seconde vingt trois; & la garderobe treize pieds, sur dix sept pieds & demy de profondeur. A cause du passage de quatre pieds, aux deux angles du corps de logis, dans le iardin, se feront deux aduances pour les priuez.

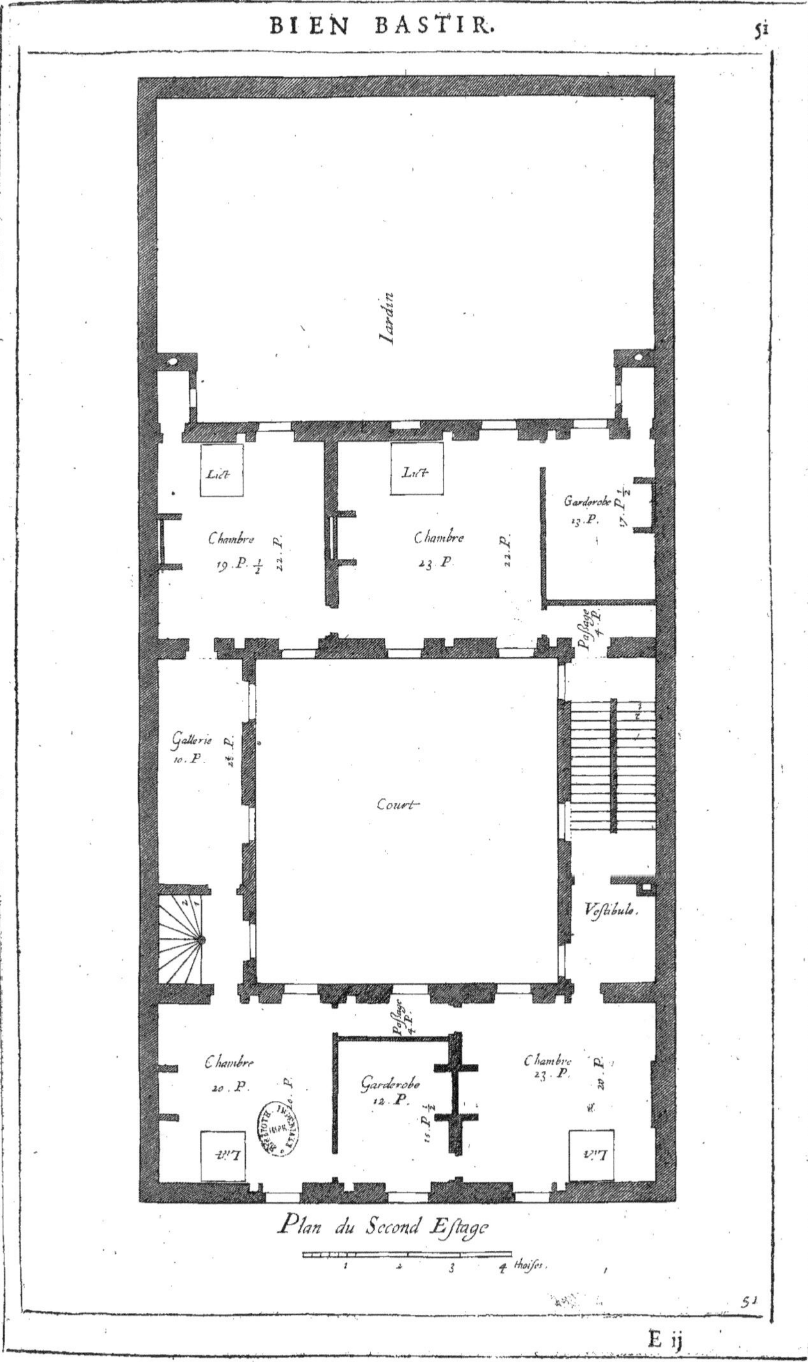

Plan du Second Estage

ELEVATION DV CORPS DE LOGIS DE DEVANT, QVI REGARDE LA RVE DE LA NEVFIESME PLACE, DISTRIBVEE SELON LA SECONDE MANIERE.

E corps de logis de deuant a mesme rez de chaussée que celuy de la cour. Il aura de hauteur depuis le rez de chaussée iusques sous soliues dix-neuf pieds, laquelle hauteur se diuisera au dessus de la cuisine & de l'escurie, par vne entre-sole qui aura dix pieds sous soliues, depuis l'aire, qui sera auec l'espaisseur des soliues & plancher, dix pieds neuf pouces; à l'entre-sole au dessus de l'escurie, l'on montera par quinze marches, qui auront huict pouces sept lignes de hauteur chacune. Le reste de la hauteur depuis le plancher de l'entre-sole, iusques à celuy du premier estage sous soliues, sera huict pieds trois pouces, & compris l'espaisseur des soliues & plancher, neuf pieds à laquelle hauteur on montera par treize marches, qui auront de hauteur huict pouces quatre lignes chacune. A l'entre-sole au dessus de la cuisine, se mötera par trois marches qui seront en la cour de six pouces chacune. Pour venir à l'aire du pallier du principal escalier, & au rampant du costé de la cour se prendront sept marches de six pouces chacune. Pour venir sur le pallier de l'escalier joignant la salle; & dans l'autre rampant contre le mur, se prendront quinze marches de cinq pouces onze lignes chacune, qui möteront à la hauteur de sept pieds quatre pouces & demy, laquelle adioustée auec cinq pieds, à quoy montent les marches de la cour, & de l'autre rampant, ce seront douze pieds quatre pouces & demy. Mais nous n'auions à monter iusques à l'entre-sole, que dix pieds neuf pouces; donc il faudra descendre en ladite entre-sole de deux pieds quatre pouces trois lignes, par le moyen de quatre marches, qui se prendront au dessus du gardemanger.

L'aire du corps de logis de derriere aura cinq pieds au dessus du rez de chaussée de la cour, à cause des offices qui seront au dessous; & à ceste hauteur on montera par les trois marches susmentionnées en la cour, & par les sept du rampant de l'escalier, comme il a esté dit cy dessus.

Le premier estage du corps de logis de derriere, aura depuis l'aire sous soliues, quatorze pieds, & compris l'espaisseur des soliues & plancher, quatorze pieds neuf pouces; auquel on montera par trente marches, ayant cinq pouces onze lignes de hauteur chacune, lesquelles seront distribuées par moitié sur chacun rampant, & en ceste façon le principal escalier donnera communication au principal corps de logis, & à l'entre sole de celuy de deuant. Mais il n'en donnera point au premier estage de deuant, & toutesfois le petit escalier le donne à l'vn & l'autre, d'autant que les deux corps de logis de deuant & derriere sont de plain pied.

Mais si l'on vouloit auoir communication d'vn corps de logis à l'autre, aussi bien par le grand escalier, cõme par le petit, du rez de chaussée de la salle, on möteroit au second estage par vingt-cinq marches, en adioustant cinq marches sur chacun tournant, & auroit sept pouces vne ligne de hauteur chacune: & au second estage qui a douze pieds neuf pouces, compris l'espaisseur des soliues & plãcher, auquel on mötera par vingt-cinq marches, de six pouces vne ligne de hauteur chacune: Mais en ceste maniere le grand escalier n'aura aucune cõmunication auec l'entre-sole de dessus la cuisine, laquelle n'en a point aussi par le petit escalier, & partant ladite entre-sole demeureroit entierement inutille: pour donc la faire seruir, il faudroit prendre sa communication du petit escalier, par le moyen de l'entre-sole au dessus de l'escurie, en passant au dessus de la porte, laquelle a treize pieds de hauteur, & auec l'espaisseur des soliues & plancher, treize pieds neuf pouces, & par consequent trois pieds au dessus de l'aire de l'entre-sole: il faut donc pratiquer des marches reuenantes à ceste hauteur, en l'vne & en l'autre entre-sole, les vnes pour monter, les autres pour descendre.

Le second estage, aura de hauteur douze pieds sous soliues, & compris l'espaisseur des soliues & plancher, douze pieds neuf pouces, auquel on montera par vingt-deux marches en deux reuolutions, & partant chacune marche aura sept pouces vne ligne.

Le troisiesme estage sera en galetas, & aura de hauteur, compris l'espaisseur des soliues & plancher, dix pieds neuf pouces, à laquelle on montera d'vne reuolution, par seize marches de huict pouces quatre lignes chacune.

La face du Logis sur le deuant.

ELEVATION DV CORPS DE LOGIS DE DERRIERE QVI REGARDE LA COVR DE LA NEVFIESME PLACE, DISTRIBVEE SELON LA SECONDE MANIERE.

E CORPS de logis de derriere aura ſes offices au deſſous du logis, qui auront neuf pieds ſous ſoliues ou ſous voute, dont les quatre pieds neuf poulces ſeront au deſſus du rez de chauſſée de la cour, & l'on y deſcendra par neuf marches de ſix poulces quatre lignes chacune, à cauſe des trois marches qui auront eſté montées depuis la cour. Les autres quatre pieds trois poulces au deſſus, feront auec l'eſpaiſſeur des ſoliues & plancher cinq pieds, leſquels on montera par dix marches, dont les trois ſeront en la cour, & les autres ſept au rampant de l'eſcalier qui eſt ſur la cour, comme dit a eſté cy-deſſus.

Le premier eſtage depuis l'aire de la ſalle iuſques ſous ſoliues aura quatorze pieds, & compris l'eſpaiſſeur des ſoliues & plancher, quatorze pieds neuf poulces, auquel on montera par trente marches; ayant cinq poulces & vne ligne de hauteur chacune: leſquelles ſeront diſtribuées par moitié ſur chacun rampant, comme dit a eſté en l'eleuation du corps de logis de deuant.

Le ſecond eſtage aura de hauteur douze pieds ſous ſoliues, & compris l'eſpaiſſeur des ſoliues & plancher, douze pieds neuf poulces, auquel on montera par vingt-ſix marches de cinq poulces onze ligne chacune de hauteur.

Le troiſieſme eſtage aura de hauteur dix pieds neuf poulces, compris l'eſpaiſſeur des ſoliues & plancher, auquel eſtage nous monterons par des marches egales en hauteur à celles du ſecond eſtage de cinq poulces onze lignes; & partant y en aura vingt deux.

Au deſſus ſe pourront faire des greniers.

La face du grand Logis du coste de la Court

1 2 3 4 Thoises

TROISIESME DISTRIBVTION

DE LA NEVFIESME PLACE, DE MESME LARGEVR DE CINQVANTE SEPT PIEDS, SVR SIX-VINGTS DE PROFONDEVR.

LA TROISIESME distribution du mesme espace de cinquante sept pieds en largeur, sur six vingt de profondeur, consiste en deux corps de logis, l'vn sur le deuant, l'autre sur le derriere; le premier ayant vingt pieds de profondeur sur toute la largeur, laquelle se distribuë en vne escurie de dix-neuf pieds, vn passage pour carosse de neuf pieds, vn escalier de neuf pieds, & la cuisine de dix-sept pieds, au bout de laquelle est vn gardemanger de neuf pieds de profondeur, sur douze & demy de large, & vn passage de quatre pieds de large, pour aller dans la cuisine. Et ces deux largeurs faisant dix-sept pieds, font celle d'vne chambre en suite dudit gardemanger, laquelle a quinze pieds & demy de profondeur, & au bout d'icelle est vn autre escalier, la largeur duquel aura son assiette selon la profondeur de l'edifice, consideré en son total: & partant nous vserons de ce mot de profondeur, qui sera de dix pieds sur dix-sept de large. La cour aura le reste de la largeur qui est trente-huict pieds & demy, sur trente six de profondeur.

Le corps de logis de derriere qui est le principal, aura vingt deux pieds de profondeur, sur toute la largeur. Il consiste en vne salle de trente quatre pieds, & vne chambre de vingt-deux en quarré. Aux angles tant de la salle que de la chambre, s'aduanceront dans le iardin deux cabinets de huict pieds de largeur sur dix de profondeur. Le iardin aura trente six pieds de profondeur sur toute la largeur, auquel on descendra par quatre marches.

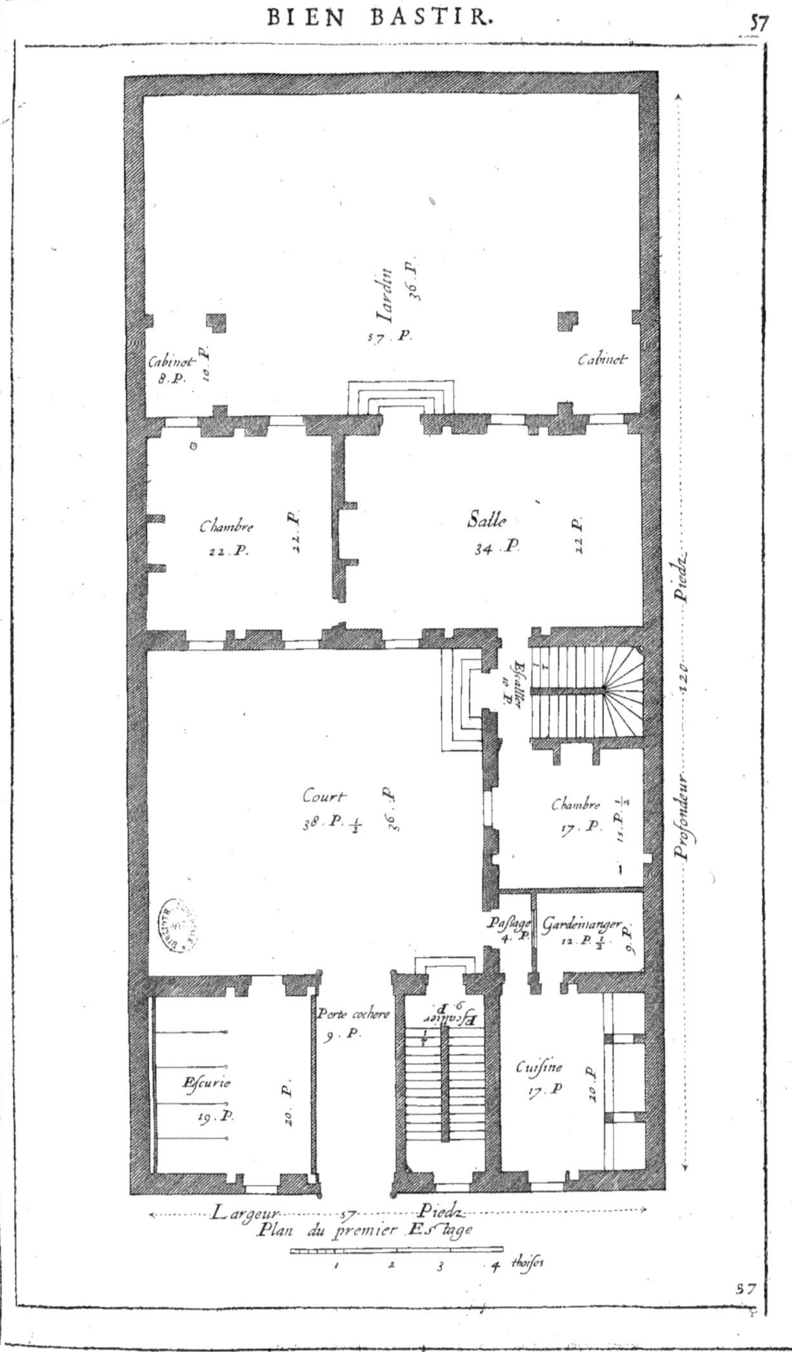

Plan du premier Estage

1 2 3 4 thoises

SECOND ESTAGE DE LA

TROISIESME DISTRIBVTION DE LA

NEVFIESME PLACE.

E SECOND estage consiste en vne chambre au dessus de l'escurie, ayãt de largeur dix neuf pieds sur toute la profondeur de vingt pieds, vne garderobe de neuf pieds de large, sur quinze pieds & demy de profond; à cause d'vn passage de quatre pieds, qui est derriere; vn escalier de neuf pieds de large; & vne chambre de dix sept pieds. A costé de laquelle est vne garderobe de mesme largeur, sur neuf pieds de profondeur; & vne chambre de seize pieds, tousiours sur ladite largeur de dix-sept. Au bout de laquelle chambre se rencontre l'escalier, puis le corps de logis principal, lequel consiste en deux chambres: chacune garnie de son cabinet, & vne garderobe au milieu. La premiere joignant l'escalier, aura dix huict pieds & demy de largeur, sur dix sept & demy de profondeur; la garderobe aura quinze pieds de largeur, sur dix sept pieds & demy de profondeur; & derriere lesdites chambres & garderobe, sera vn passage de quatre pieds pour leur desengagement: l'autre chambre qui est la principalle, aura vingt deux pieds en quarré; & à l'angle de chacune des chambres s'auancera dans le iardin vn cabinet de huict pieds de largeur, sur dix de profondeur.

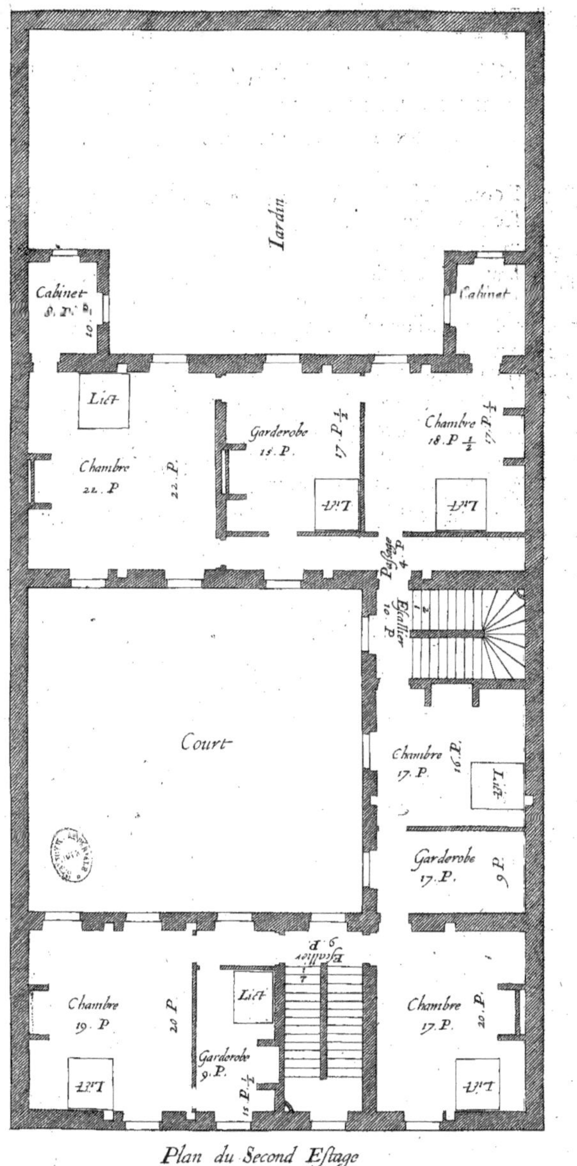

Plan du Second Estage

1 2 3 4 thoises.

ELEVATION DE LA FACE

QVI REGARDE LA RVE DV CORPS DE LOGIS DE DEVANT DE LA NEVFIESME PLACE, DISTRIBVEE SELON LA TROISIESME MANIERE.

LE corps de logis de deuant, excepté l'eſcalier, a meſme rez de chauſſée que celuy de la cour, & aura de hauteur, depuis l'aire, quinze pieds, & auec l'eſpaiſſeur du plancher, quinze pieds neuf poulces. L'aire de l'eſcalier aura vn pied au deſſus dudit rez de chauſſée, auquel on montera par deux marches dans la cour : reſtera quatorze pieds neuf poulces, où l'on montera par vingt huict marches de ſix poulces quatre lignes chacune.

Le ſecond eſtage aura douze pieds, & compris l'eſpaiſſeur des ſoliues & plancher, douze pieds neuf poulces, auquel on montera par vingt huict marches de cinq poulces & demy chacune.

Le troiſieſme eſtage qui conſiſte en chambres en galetas, aura dix pieds neuf poulces, compris l'eſpaiſſeur des ſoliues & plancher, auquel on montera par marches de pareille hauteur que les precedentes, à ſçauoir, de cinq poulces & demy; & partant y en aura vingt-quatre.

Face du Logis de deuant.

1 2 3 4 *thoises*

ELEVATION DV CORPS DE LOGIS PRINCIPAL QVI EST SVR LE DERRIERE, ET REGARDE LA COVR DE LA NEVFIESME PLACE, SELON LA TROISIESME DISTRIBVTION.

L'Aire du corps de logis de derriere, ensemble de la chambre ioignant l'escalier, est esleué de deux pieds au dessus du rez de chaussée de la cour; lesquels on montera par quatre marches estans en ladite cour.

Le premier estage depuis l'aire de la salle, aura treize pieds sous soliues, & auec l'espaisseur des soliues & plancher, treize pieds neuf poulces; auquel on montera par vingt-sept marches de six poulces vne ligne chacune.

Le deuxiesme estage, aura douze pieds neuf poulces, compris l'espaisseur des soliues & du plancher, auquel on montera par vingt-sept marches, lesquelles auront cinq poulces huict lignes chacune.

Le troisiesme estage, aura onze pieds neuf poulces, compris l'espaisseur des soliues & plancher; auquel on montera par marches de pareille hauteur, que celles du second estage, de cinq poulces huict lignes, & partant y en aura vingt-cinq.

Au dessus du troisiesme estage, sera vn grenier ou chambre en galetas, de neuf à dix pieds sous soliues d'exaucement, si l'on veut.

Il faut aussi remarquer, qu'encore qu'il semble que nous tenions les premiers estages des corps de logis de deuant plus esleuez qu'il ne seroit besoin; neantmoins cela ne se fait sans raison: Car c'est pour égaler les aires des deux corps de logis, afin que l'on puisse aller de plain pied des vns aux autres, & qu'on ne soit point contraint de monter pour descendre.

La face du grand Logis du coste de la Court.

QVATRIESME DISTRIBVTION

DE LA NEVFIESME PLACE, DE LA MESME LARGEVR DE CINQVANTE SEPT PIEDS, SVR SIX-VINGTS DE PROFONDEVR.

ETTE quatriesme distribution du mesme espace de cinquante sept pieds en largeur, sur six-vingt de profondeur, consiste pareillement en deux corps de logis; l'vn sur le deuant, l'autre sur le derriere, le premier ayant vingt-deux pieds de profondeur sur toute la largeur, laquelle se distribuë en vne escurie à double rang, de vingt-deux pieds & demy; vn passage pour le carosse, de neuf pieds, vne cuisine de vingt-trois pieds & demy; à costé de laquelle est vn gardemanger, de quatorze pieds de largeur, sur dix-sept de profondeur: & en suitte de la profondeur dudit gardemanger, est l'escalier de dix-huict pieds de profondeur, sur mesme largeur de quatorze pieds. Cet escalier à quatre noyaux garnis de balustres, & aura enuirõ trois pieds de vuide dans le milieu, pour luy donner plus de clairté. La cour aura trente six pieds de profondeur, sur quarante-vn & demy de largeur, & d'icelle on montera par quatre marches au pallier de l'escalier.

Le corps de logis de derriere, qui est le principal, aura mesme profondeur de vingt-deux pieds, sur mesme largeur de cinquante-sept pieds, & consiste en vne salle, de trente six pieds de large, & en vne chambre de dix-neuf pieds & demy, sur dix-sept & demy de profondeur, à cause d'vn passage de quatre pieds, qui est entre ladite chambre & l'escalier: & dans vn angle du passage sera le priué. Aux deux angles du iardin, ioigant la salle & la chambre, s'aduanceront deux cabinets de dix pieds de largeur, & y aura descente à vostre chois, de la salle ou de la chambre, au iardin, de quatre marches.

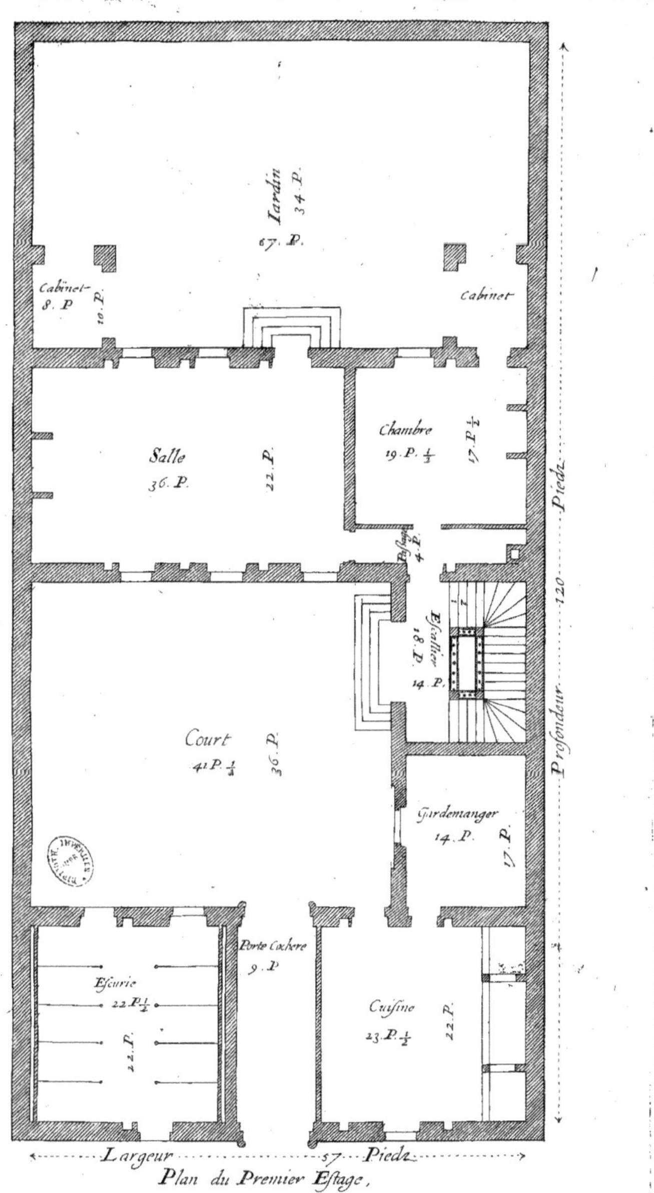

Plan du Premier Estage,

SECOND ESTAGE DE LA QVATRIESME DISTRIBVTION DE LA NEVFIESME PLACE.

E SECOND estage consiste en deux chambres, au milieu desquelles est vne garderobe: la premiere sur l'escurie aura de largeur vingt deux pieds & demy, sur vingt-deux de profondeur; la garderobe douze pieds & demy, sur dix sept & demy de profondeur, à cause d'vn passage de quatre pieds; derriere icelle, vne autre chambre de vingt pieds de largeur sur la mesme profondeur de dix sept pieds & demy; & au dessus du gardemanger sera vn vestibule, de la largeur & profondeur dudit gardemanger.

Le corps de logis de derriere consiste en deux chambres & vne garderobe; la premiere chambre proche de l'escalier ayant mesme largeur & profondeur que celle de l'estage de dessous; la seconde joignant la premiere au dessus de la salle, ayant vingt-deux pieds en quarré, & la garderobe quatorze pieds & demy de largeur, sur la mesme profondeur de vingt deux pieds; & aux deux angles de la chambre, & de la garderobe, seront continuez les deux cabinets en saillie sur le iardin, comme ceux du premier estage.

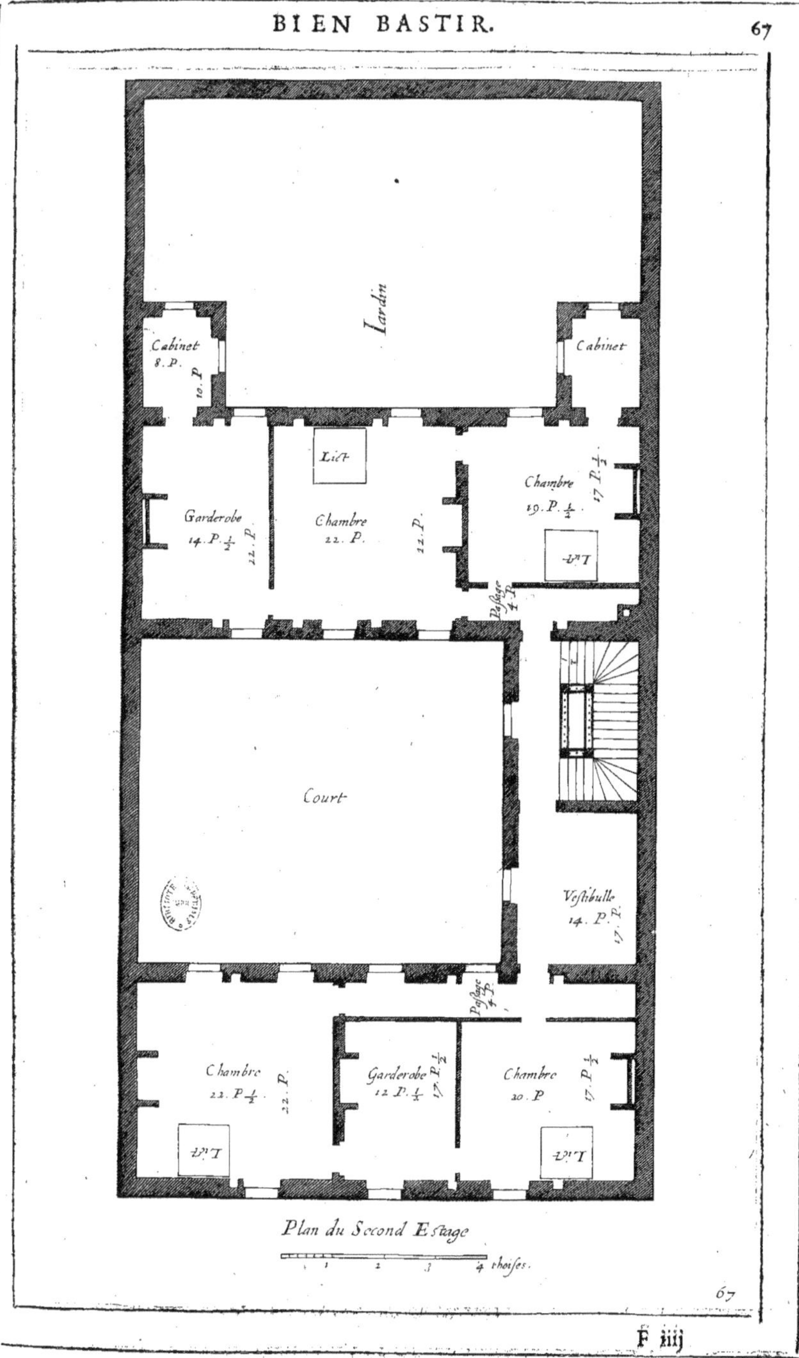

Plan du Second Estage

ELEVATION DE LA FACE

QVI REGARDE LA RVE, DV CORPS DE LOGIS DE DEVANT DE LA NEVFIESME PLACE, DISTRIBVEE SELON LA QVATRIESME MANIERE.

E CORPS de logis de deuant, a mesme rez de chaussée que celuy de la cour, & aura de hauteur depuis l'aire, quinze pieds & demy, & auec l'espaisseur des soliues & plancher, seize pieds trois poulces; auquel on montera par trente vne marches, à sçauoir quatre en la cour, qui monteront deux pieds; & vingt sept en l'escalier, qui auront six poulces quatre lignes chacune.

Le second estage aura douze pieds sous soliues, & douze pieds neuf poulces, compris l'espaisseur des soliues & plancher; auquel on montera par vingt-sept marches de cinq poulces huict lignes chacune.

Le troisiesme estage aura dix pieds & demy sous soliues, & onze pieds trois poulces, compris l'espaisseur des soliues & plancher, auquel on montera par vingt-quatre marches de pareille hauteur que celles du second estage, qui sont cinq poulces huict lignes.

Et au dessus se feront des chambres en galetas, de neuf pieds sous soliues de hauteur, ou bien des greniers, si l'on veut.

La face du Corps de Logis sur le deuant.

1 2 3 4 Thoises

ELEVATION DV CORPS DE LOGIS PRINCIPAL QVI EST SVR LE DERRIERE, EN LA FACE QVI REGARDE LA COVR DE LA NEVFIESME PLACE, SELON LA QVATRIESME DISTRIBVTION.

'Aire du corps de logis principal, ensemble le paslier de l'escalier, sera esleué de deux pieds au dessus du rez de chaussée de la cour; lesquels on montera par les quatre marches, que nous auons dit estre en la cour.

Le premier estage aura treize pieds & demy depuis l'aire sous soliues, & quatorze pieds trois poulces, compris l'espaisseur des soliues & plancher, auquel on montera par vingt-sept marches de six poulces quatre lignes chacune.

Le second estage aura douze pieds sous soliues, & douze pieds neuf poulces, compris l'espaisseur des soliues & plancher, auquel on montera par vingt-sept marches, de cinq poulces huict lignes chacune.

Le troisiesme estage aura dix pieds & demy sous soliues, & onze pieds trois poulces, compris l'espaisseur des soliues & plancher, auquel on montera par vingt-quatre marches de pareille hauteur de cinq poulces huict lignes.

Et au dessus se feront greniers ou chambres en galetas, de neuf pieds sous soliues de hauteur.

La face du grand Logis du costé de la Court.

1 2 3 4 Thoises.

CINQVIESME DISTRIBVTION

DE LA NEVFIESME PLACE, DE LA MESME LARGEVR DE CINQVANTE SEPT PIEDS , SVR SIX-VINGTS DE PROFONDEVR.

Ceste cinquiesme distribution de la neufiesme place de cinquante sept pieds en largeur, sur six-vingts de profondeur, consiste pareillement en deux corps de logis; le premier sur le deuant, ayant de profondeur vingt pieds sur toute la largeur, laquelle se distribuë en vne escurie de treize pieds de largeur, en l'angle de laquelle est pratiqué vn hangard pour mettre vn carosse, derriere lequel est la place d'vn lict. A costé de l'escurie est la porte cochere de neuf pieds de largeur, & vne cuisine de vingt-trois pieds : à l'vn des angles de laquelle moitié dedans, moitié hors œuure, est l'escalier en forme de vis, ayant dix pieds en quarré; & à l'vn des angles dudit escalier sera le priué. La cour aura trente neuf pieds de profondeur sur toute la largeur, & de la cour on montera par six marches sur vne terrasse, qui sera separée en deux par l'escalier situé au milieu, lequel aura seize pieds en quarré, & au milieu d'iceluy est le passage pour entrer en la salle: chacune partie de la terrasse aura dix neuf pieds de largeur, sur dix sept de profondeur.

Le corps de logis de derriere ioignant ladite terrasse aura vingt deux pieds de profondeur, & consiste en vne salle & vne chambre. La salle aura trente-six pieds de largeur, & la chambre vingt, & dans le iardin, aux deux angles, tant de la salle que de la chambre, s'aduanceront deux cabinets de douze pieds de profondeur sur neuf de largeur. Le iardin aura le reste de la profondeur sur toute la largeur.

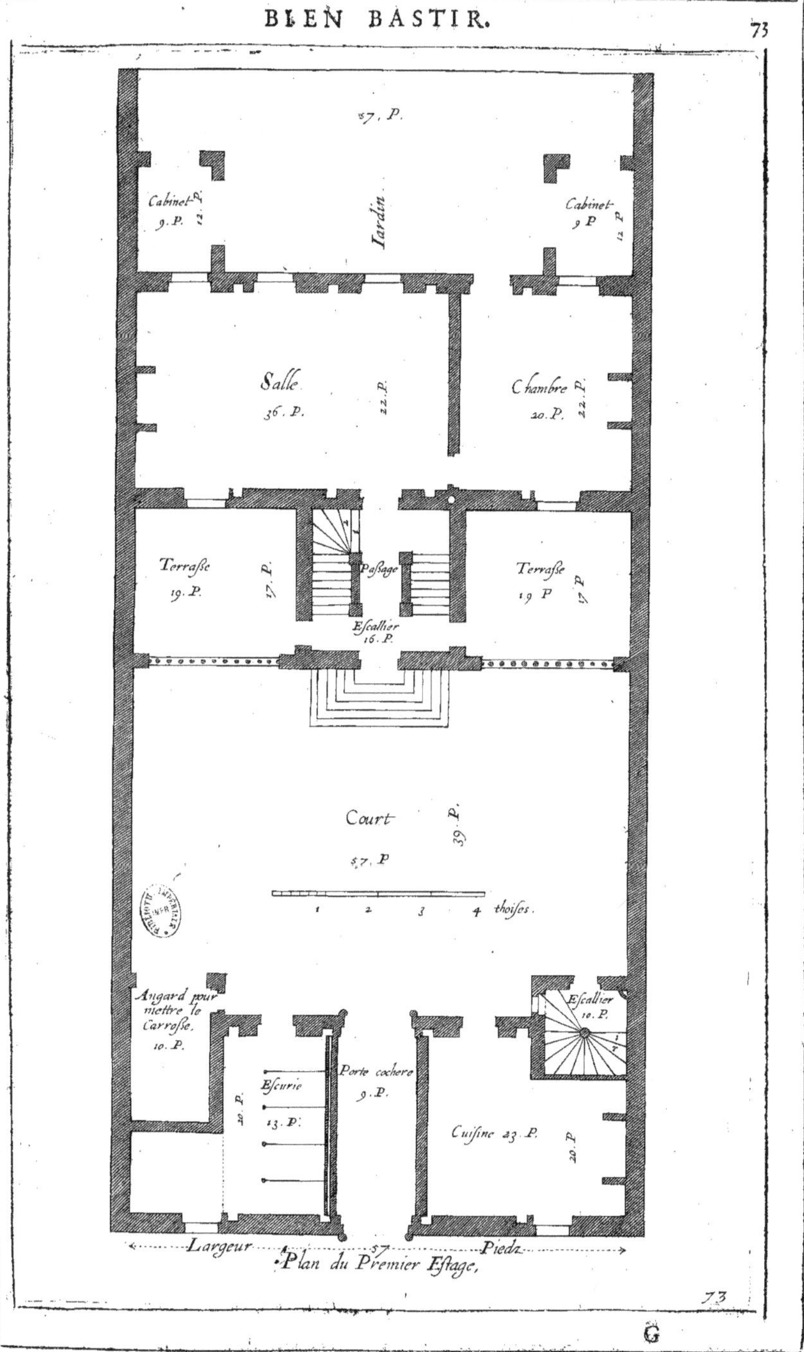

Plan du Premier Estage.

SECOND ESTAGE DE LA

CINQVIESME DISTRIBVTION DE LA NEVFIESME PLACE.

E SECOND estage du corps de logis de deuant consiste en deux chambres, garderobe & cabinet: la premiere sur la cuisine, ayant mesme largeur de vingt-trois pieds, sur quinze & demy de profondeur, à cause de l'escalier & passage. La seconde chambre aura vingt-deux pieds de largeur, sur vingt de profondeur. La garderobe aura dix pieds & demy de largeur, & le cabinet dix pieds en quarré.

Le corps de logis de derriere consiste en deux chambres, & vne garderobe au milieu: la premiere estant sur la salle aura vingt-deux pieds en quarré, la garderobe treize pieds & demy de largeur, sur dix-sept pieds & demy de profondeur, à cause d'vn passage de quatre pieds, qui est au deuant. L'autre chambre aura vingt pieds de largeur, sur toute la profondeur; chacune chambre aura son cabinet saillant sur le iardin, comme dit est.

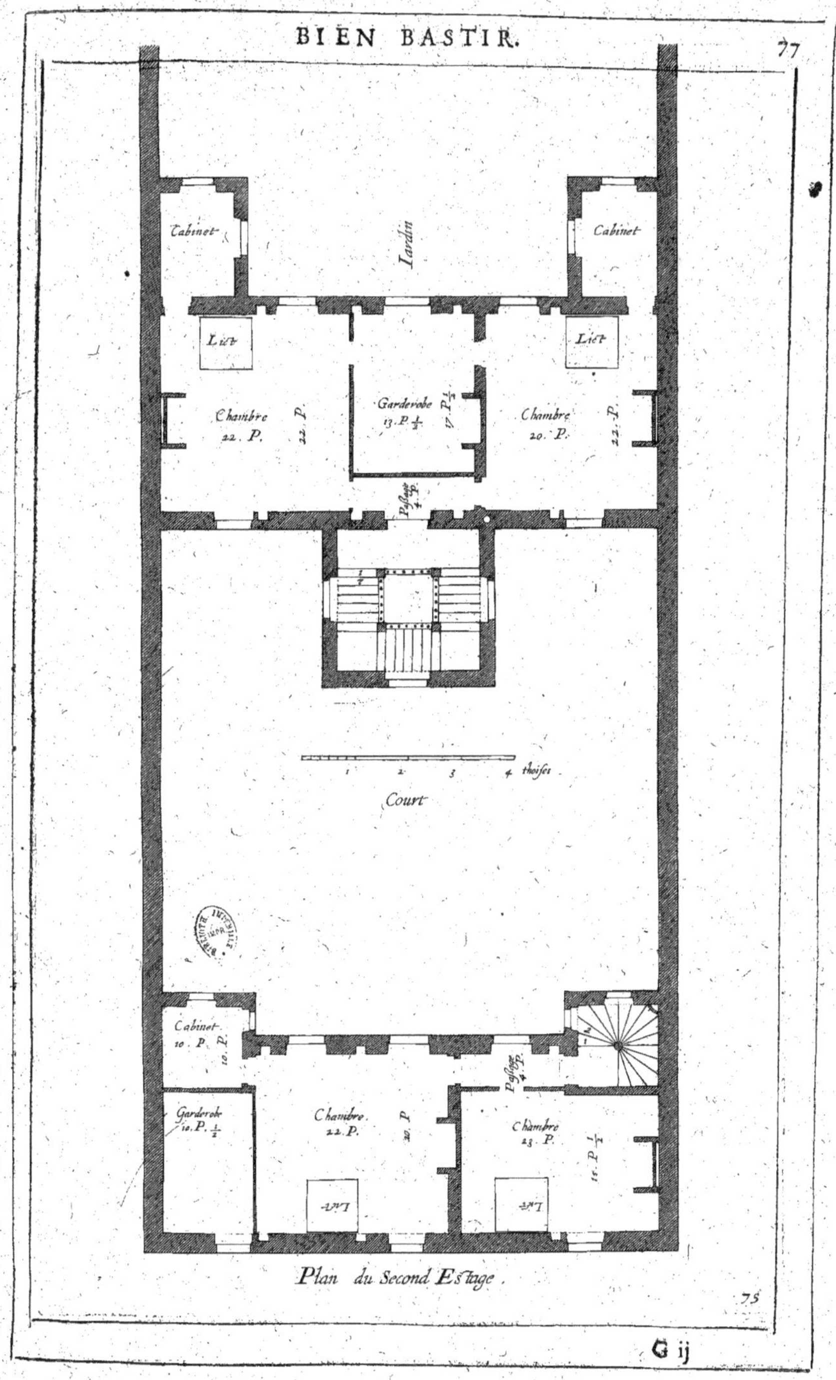

Plan du Second Estage.

ELEVATION DE LA FACE

QVI REGARDE LA RVE, DV CORPS DE LOGIS DE DEVANT DE LA NEVFIESME PLACE, DISTRIBVEE SELON LA CINQVIESME MANIERE.

E CORPS de logis de deuant, a mesme rez de chaussée que celuy de la cour, & aura de hauteur depuis l'aire sous soliues, douze pieds, & douze pieds neuf pouces, compris l'espaisseur des soliues & plancher, auquel on montera par vingt-cinq marches, de six pouces vne ligne chacune, lesquelles occuperont vne reuolution entiere, & le quart d'vn autre.

Le second estage, aura onze pieds sous soliues, & onze pieds neuf pouces, compris l'espaisseur des soliues & plancher, auquel on montera par vingt-cinq marches, de cinq pouces huict lignes chacune.

Le troisiesme estage aura pareille hauteur, & pareille distribution de marches.

Au dessus se feront greniers, ou chambres en galletas, à la maniere susdite.

Face du corps de Logis sur le deuant

ELEVATION DE LA FACE

QVI REGARDE LA COVR DV CORPS DE LOGIS DE DERRIERE, DE LA NEVFIESME PLACE, DISTRIBVEE SELON LA NEVFIESME MANIERE.

A TERRASSE ſera eſleuée au deſſus du rez de chauſſée de la cour, de trois pieds, à laquelle on montera de ladite cour par ſix marches de ſix pouces chacune.

L'aire du corps de logis aura meſme niueau que la terraſſe, & aura de hauteur quatorze pieds ſous ſoliues, & auec l'eſpaiſſeur des ſoliues & plancher, quatorze pieds neuf pouces; auſquels on montera par vingt huict marches de ſix pouces quatre lignes chacune.

Le ſecond aura de hauteur treize pieds ſous ſoliues, & treize pieds neuf pouces, compris l'eſpaiſſeur des ſoliues & plancher; auquel on montera par pareille quantité de vingt-huict marches, qui partant auront cinq pouces onze lignes de hauteur chacune.

Le troiſieſme eſtage aura de hauteur dix pieds ſous ſoliues, & dix pieds neuf pouces, compris l'eſpaiſſeur des ſoliues & plancher, auquel on montera par vingt-quatre marches de cinq pouces cinq lignes de hauteur chacune.

Au deſſus ſe feront des greniers ou chambres en galetas.

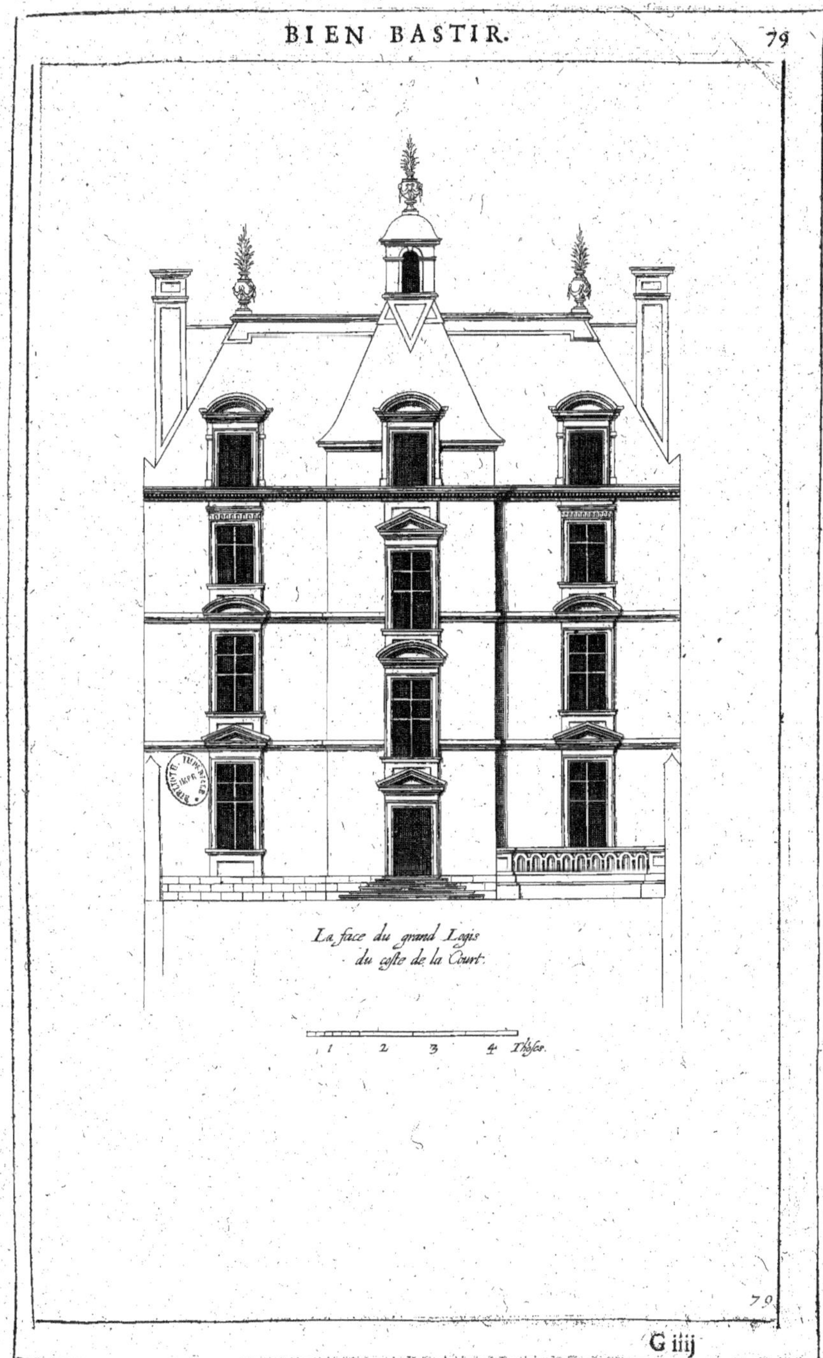

La face du grand Logis
du coste de la Court.

DISTRIBVTION DE LA DEVXIESME PLACE, AYANT SOIXANTE ET DOVZE PIEDS DE LARGEVR, SVR SOIXANTE ET QVATORZE DE PROFONDEVR.

LA PROFONDEVR de ceste place se distribuë en vne cour sur le deuant, & vn corps de logis, & iardin sur le derriere. Aux deux costez de la cour, & du corps de logis seront construicts vne escurie, auec vn hangard pour mettre vn carosse, & à l'autre costé vne cuisine, & vn gardemanger: chacun aura quinze pieds de largeur, la profondeur de l'escurie & de la cuisine seront de dix neuf pieds, le hangard & le gardemanger de huict pieds. La cour aura trẽte neuf pieds de largeur, sur vingt sept de profondeur, de laquelle cour on montera par quatre marches au corps de logis, qui aura vingt deux pieds de profondeur, sur toute la largeur de soixante & douze, & consistera en vne salle, & vne chambre, entre lesquelles sera assis l'escalier. La salle aura de largeur trente six pieds, l'escalier dix, & la chambre vingt-trois, & au bout, tant de la salle que de la chambre, seront continuées dedans le iardin deux petites galleries, ayant chacune dix pieds de largeur, sur toute la profondeur du iardin, de vingt-vn pieds. Lequel iardin en aura quarante neuf de largeur, & descendra on en iceluy par le passage de l'escalier de deux marches, & de deux autres dans le iardin, qui font les quatre marches, dont on est monté de la cour au corps de logis. Ce qui se fait pour pouuoir donner à la porte vn exaucement conuenable. Le priué se pratiquera dans l'espaisseur du mur du refan de l'escalier.

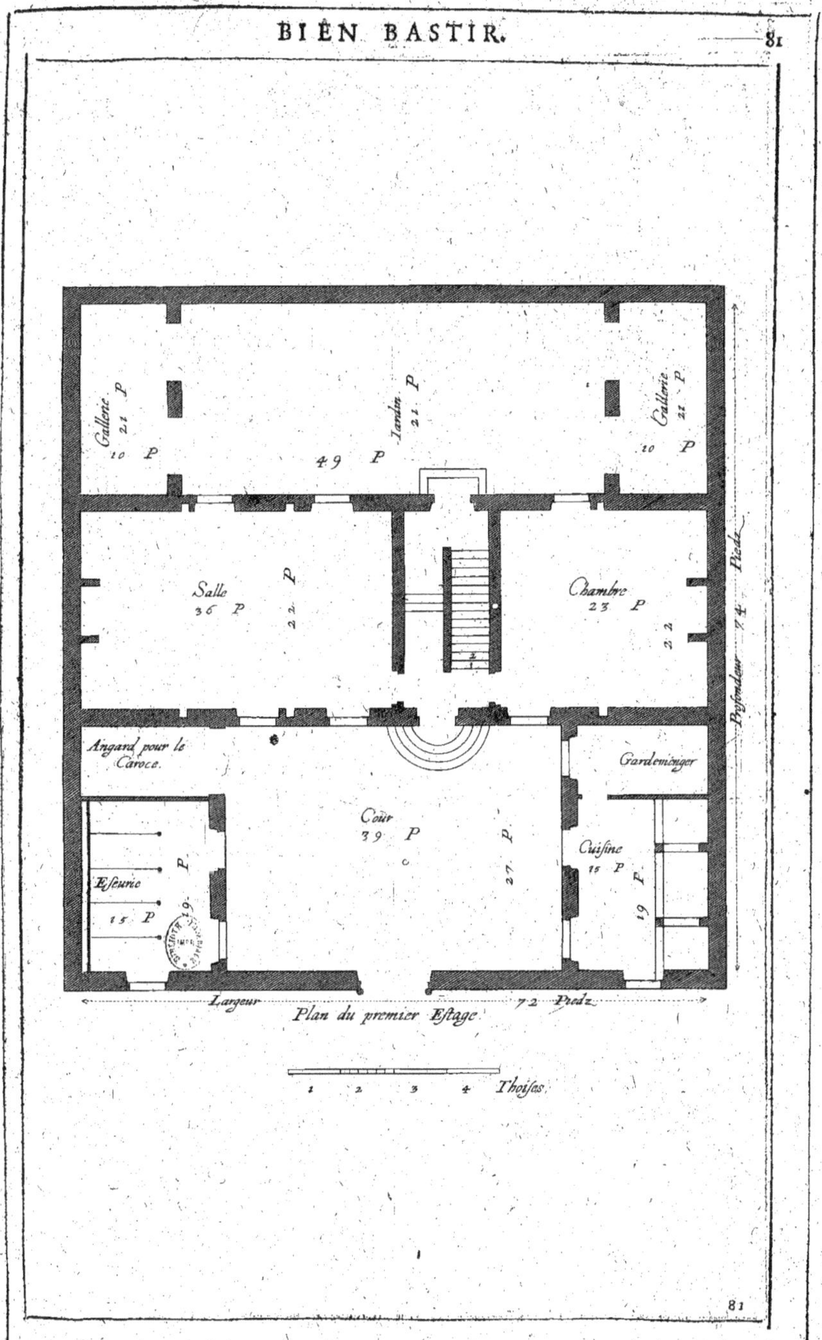

Plan du premier Estage

1 2 3 4 Thoises

SECOND ESTAGE DE LA DISTRIBVTION DE LA DIXIESME PLACE.

E SECOND estage contient vne chambre sur l'escurie, & vne sur la cuisine, ayant chacune quinze pieds de largeur, sur vingt-sept de profondeur. Et quant au principal corps de logis, il consiste en deux chambres & vne garderobe: la premiere sur la salle, aura vingt-quatre pieds de largeur, sur toute la profondeur de vingt-deux pieds; la garderobe joignant ladite chambre, aura douze pieds de largeur, sur dix-sept pieds & demy de profondeur, à cause d'vn passage de quatre pieds qui est au deuant. A costé de ceste garderobe sera l'escalier, & joignant iceluy, la chambre ayant mesme largeur & profondeur que la premiere, & aux deux bouts des deux chambres seront deux cabinets, ayans mesme largeur & profondeur que les galleries de l'estage d'embas: on pourra en ces cabinets faire des cheminées si l'on veut.

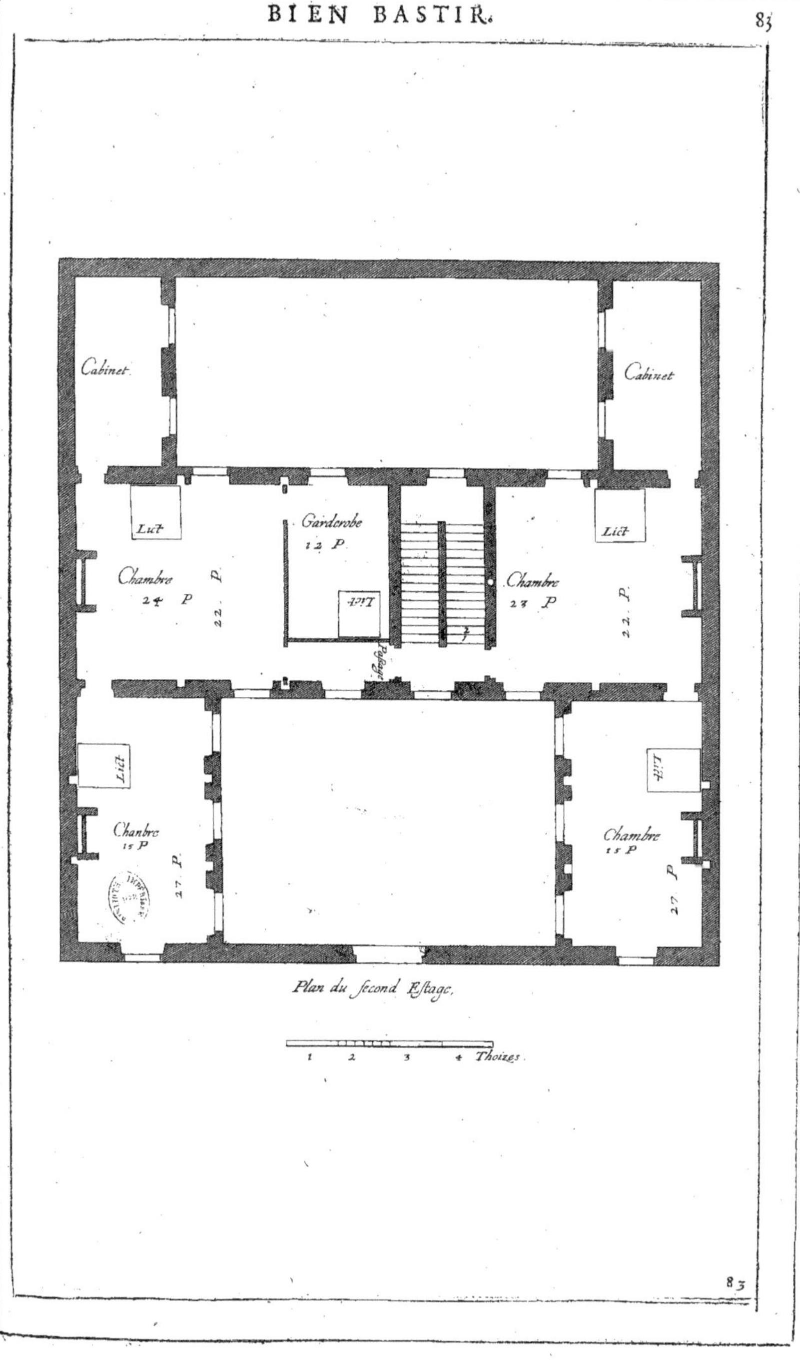

Plan du second Estage.

1 2 3 4 Thoizes.

ELEVATION DV CORPS DE LOGIS DE LA DIXIESME PLACE, TANT EN CE QVI REGARDE LA COVR, QVE LES DEVX AISLES SVR LA RVE.

L'Aire tant de l'escurie que de la cuisine, sera de mesme niueau que la cour, & celuy du corps de logis sera esleué de deux pieds au dessus du rez de chaussée de ladite cour, auquel on montera par quatre marches assises en ladite cour.

Le premier estage aura treize pieds sous soliues, & compris l'espaisseur des soliues & plancher, treize pieds neuf pouces, auquel on montera par trente marches de cinq pouces & demy de hauteur chacune.

Le second estage aura douze pieds neuf pouces, compris l'espaisseur des soliues & plancher; auquel on montera par vingt-huict marches de pareille hauteur de cinq pouces & demy.

Le troisiesme estage aura onze pieds neuf pouces, compris l'espaisseur des soliues & plancher, auquel on montera par vingt-six marches de pareille hauteur de cinq pouces & demy chacune, au dessus on pourra faire des greniers.

Face du coste de la Court auec les deux Pauillons sur le deuant

DISTRIBVTION DE LA ONZIESME PLACE, DE SOIXANTE-DOVZE PIEDS DE LARGEVR, SVR CENT-DOVZE DE PROFONDEVR, SANS LE IARDIN.

CETTE place se peut distribuer selon les cinq manieres de la neufiesme, en augmentant les parties tant en largeur qu'en profondeur selon qu'il se trouuera plus à props: & d'abondant selon la maniere qui ensuit.

Elle aura deux corps de logis, l'vn sur le deuant, l'autre sur le derriere, auec vne gallerie qui les joindra l'vn à l'autre, & la cour au milieu.

Le corps de logis de deuant aura vingt pieds de profondeur, & sa largeur se distribuera en vne escurie de dix-huict pieds, vn escalier de neuf, vn hangart de onze pieds, vne porte cochere de neuf, vn autre hangart de huict pieds, & vne autre escurie de onze pieds & demy.

En suitte de la premiere escurie, sur la main gauche y aura vn autre corps de logis qui joindra celuy de deuant à celuy de derriere, sur la mesme largeur de l'escurie de dix-huict pieds, lequel se distribuera en deux chambres, dont chacune joindra son corps de logis & aura celle qui sera joignant l'escurie dix-huict pieds en quarré, & celle qui joindra le corps de logis de derriere, aura vingt-quatre pieds de profondeur, sur la largeur de dix-huict. Les deux garderobes seront entre les chambres, de onze pieds de profondeur chacune. La cour aura cinquante-deux pieds de largeur, sur quarante-huict de profondeur.

En suitte de la cour, & au deuant du principal corps de logis, sera vne terrasse de quinze pieds de profondeur, sur toute la largeur de la cour; & en suitte de la terrasse sera le principal corps de logis de vingt-deux pieds de profondeur sur toute la largeur de soixante-douze: lequel se distribuë en vne salle sur la main gauche, vn escalier & vne chambre. La salle aura trente-huict pieds & demy de largeur, l'escalier douze, & la chambre dix huict pieds & demy, & au dessous du principal corps de logis seront les offices, dont la hauteur sera moitié au dessous du rez de chaussée de la cour, & moitié au dessus.

Iardin

Salle 38. P ½ 22 P

Chambre. 18 P ½ 22 P

Escallier 12. P

Terrasse. 15 P

Chambre 18. P. 24. P

Garderobe. 18 11. P.

Garderobe. 18 P. 11. P

Chambre. 18. P 18 P

Cour. 52. P.

Escallier

Escurie 18

Engard pour le caroce. 11. P.

Porte cochere.

Engard pōr le carosse. 8. P.

Escurie. 11 P ½ 20 P

Profondeur 112. P

Largeur 72 Piedz

Plan du premier estage

1 2 3 4 Thoizes

SECOND ESTAGE DE L'ONZIESME PLACE, SELON LA DISTRIBVTION PRECEDENTE.

E SECOND estage du corps de logis de deuant consiste en vne chambre sur la premiere escurie, vn escalier & deux autres chambres: la premiere aura dix-huict pieds de largeur, la seconde & troisiesme, vingt pieds en quarré. En suitte de la premiere chambre est vne gallerie, ayant soixante quatre pieds de profondeur ; sur dix-huict de largeur.

Le second estage du principal corps de logis consiste en vn cabinet, & vne chambre sur la salle, vn escalier & vne autre chambre. Le cabinet aura seize pieds & demy de largeur, sur toute la profondeur de vingt-deux pieds; la chambre aura vingt-deux pieds en quarré, & l'autre chambre dix-huict pieds & demy de large.

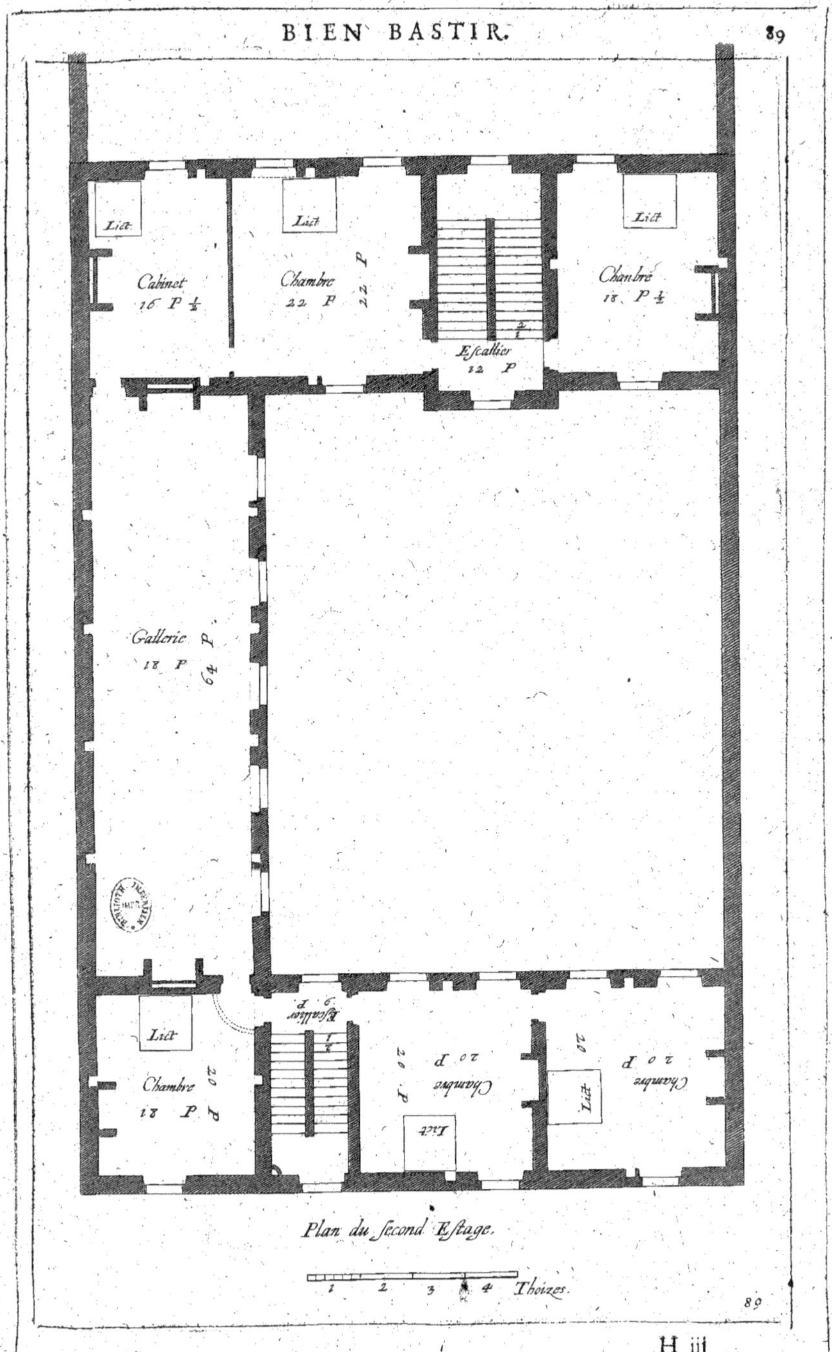

Plan du second Estage.

1 2 3 4 Thoizes.

ELEVATION DV CORPS DE LOGIS DE DEVANT, DE L'ONZIESME PLACE, EN LA FACE QVI REGARDE SVR LA RVE.

L'Aire du corps de logis de deuāt, & de la premiere chambre & garderobe de celuy de main gauche, seront de mesme niueau que la cour: & aura de hauteur dix-huict pieds & demy sous soliues, laquelle hauteur sera separée par vn entre-sole en tous les appartemens qui seront sur la main gauche de la porte. La hauteur depuis l'aire sous soliues de l'entre-sole aura dix pieds, & compris l'espaisseur des soliues & plancher, dix pieds neuf pouces, auquel on montera par vingt-vne marches de six pouces deux lignes chacune, & depuis l'aire de l'entre-sole iusques sous soliues du premier estage, il y aura sept pieds neuf pouces; & comprenant l'espaisseur des soliues & plancher huict pieds & demy; auquel on montera par dix-sept marches de six pouces de hauteur chacune.

Le second estage aura douze pieds sous soliues, & compris l'espaisseur des soliues & plancher douze pieds neuf pouces, auquel on montera par vingt-quatre marches, qui auront de hauteur six pouces quatre lignes & demy chacune.

Au dessus seront greniers ou chambres en galetas, de neuf à dix pieds sous soliues.

Face du Corps de logis de deuant

ELEVATION DV PRINCIPAL CORPS DE LOGIS DE L'ONZIESME PLACE, EN LA FACE QVI REGARDE LA COVR.

A TERRASSE sera esleuée au dessus du rez de chaussée de la cour de deux pieds, comme aussi la chambre & garderobe contiguës; ausquels on montera de la cour par quatre marches; & l'aire du corps de logis principal sera esleuée au dessus de celuy de la terrasse de deux pieds & demy, ausquels on montera par cinq marches de six pouces chacune: ainsi l'aire du corps de logis sera esleué au dessus de celle de la cour de quatre pieds & demy, dont il y a neuf pouces pour l'espaisseur des soliues & plancher: ainsi restera sous le plancher trois pieds neuf pouces; mais nous donnons neuf pieds de hauteur sous soliues aux offices; restera donc à prendre sous l'aire de la cour cinq pieds trois pouces, & aurons à descendre neuf pieds neuf pouces. Ce qui se fera commodement par dix-neuf marches de six pouces deux lignes chacune, dont les cinq se prendront dans le passage pour aller au iardin, lesquelles seruiront pour donner à la porte du iardin l'exaucement conuenable: les autres quatorze se prendront sous le rampant de main droicte. On descendra au iardin par quatre marches pour reuenir au rez de chaussée de la cour.

Le premier estage aura de hauteur depuis l'aire sous soliues quatorze pieds, & compris l'espaisseur des soliues & plancher quatorze pieds neuf pouces, auquel on montera par vingt-huict marches de six pouces quatre lignes chacune.

Le second estage aura treize pieds neuf pouces, compris l'espaisseur des solliues & plancher, auquel on montera par mesme quantité de vingt-huict marches de cinq pouces onze lignes de hauteur chacune.

Le troisiesme estage aura onze pieds sous soliues.

Au dessus se pourra prattiquer des greniers.

La face du grand Logis du coste de la Cour.

1 2 3 4 Thoses.

DISTRIBVTION DE LA DOVZIESME PLACE; QVI EST VN PAVILLON DOVBLE, AYANT DE LARGEVR SOIXANTE ET DIX PIEDS SVR TRENTE-SIX DE PROFONDEVR.

E PAVILLON consiste en vne chambre sur la main gauche, escalier, salle, ayant veuë de trois costez, vestibule derriere l'escalier, & garderobe ioignant la chambre, laquelle chambre aura vingt-deux pieds en quarré; l'escalier aura de largeur vingt-deux pieds, sur dix-neuf de profondeur, au milieu duquel est le passage de six pieds; la salle aura vingt-deux pieds de largeur, sur toute la profondeur de trente six; le vestibule aura mesme largeur que l'escalier, sur dix-huict pieds de profondeur; & la garderobe treize pieds & demy de profondeur, sur toute la largeur de la chambre.

Le second & troisiesme estage seront semblables au premier, excepté que au dessus de la salle se pratiqueront des garderobes de mesme profondeur que celle d'embas, & au dessus du vestibule se feront des chambres.

POVR LES hauteurs, l'aire du corps de logis sera esleué de trois pieds au dessus du rez de chaussée de dehors, auquel on montera par six marches, tant par deuant que par derriere: & aura depuis l'aire sous soliues quatorze pieds, & compris les soliues du plancher, quatorze pieds neuf pouces, auquel on montera par trente marches de cinq pouces onze lignes chacune.

Le second estage aura treize pieds neuf pouces, compris l'espaisseur des soliues & plancher, auquel on montera par pareille quantité de trente marches, de cinq pouces & demy chacune.

Le troisiesme estage aura douze pieds sous soliues.

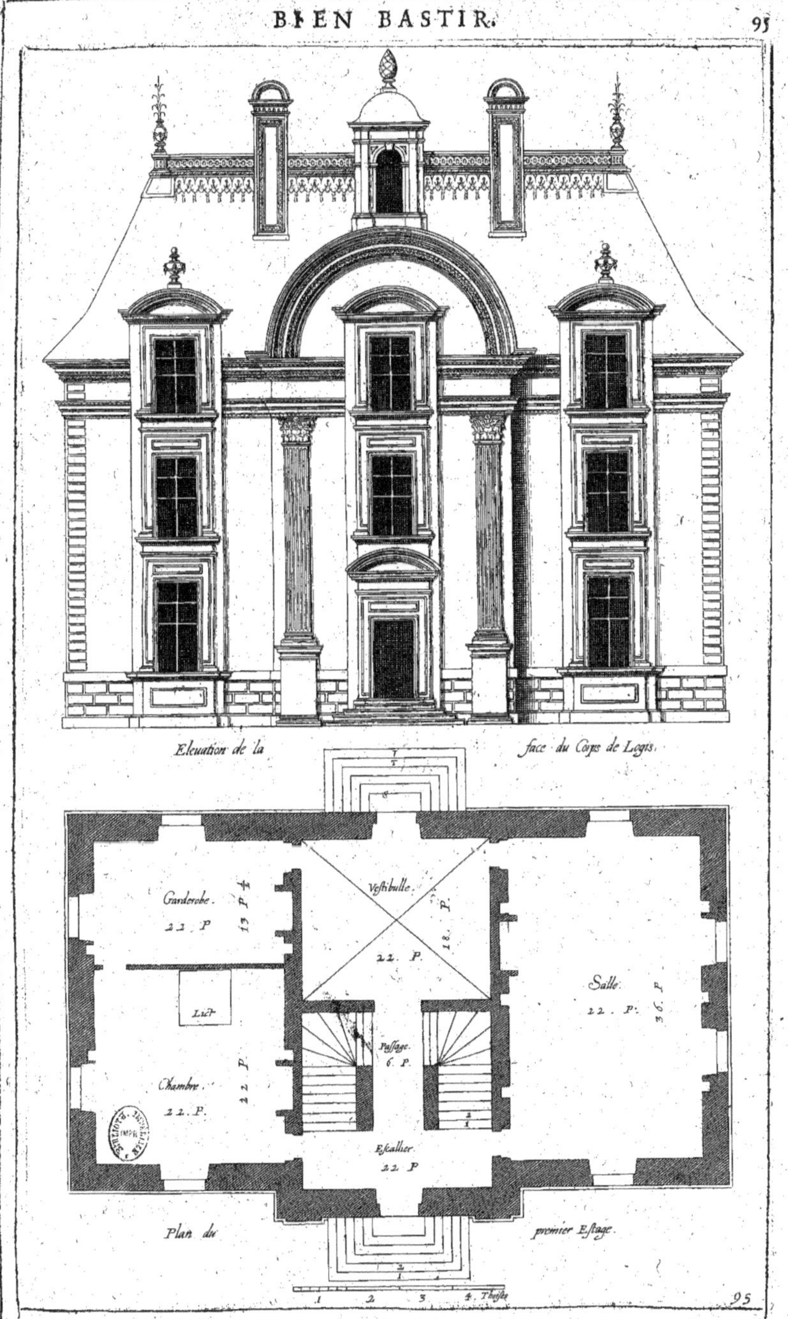
Eleuation de la face du Corps de Logis.
Garderobe.
22. P
13 P ½
Vestibulle.
18. P.
22. P.
Salle.
22. P.
36. P
Lict
Passage.
6. P.
Chambre.
22. P.
22 P
Escallier.
22 P
Plan du premier Estage.
1 2 3 4 Thoises

DISTRIBVTION DE LA TREIZIESME PLACE DE CENT-VN PIEDS DE LARGEVR SVR QVARANTE-CINQ DE PROFONDEVR, QVI EST VN CORPS DE LOGIS ENTRE DEVX PAVILLONS.

E CORPS consiste en deux pauillons aux deux costez, & vne salle au milieu. Chaque pauillon est diuisé en vne chambre sur le derriere, garderobe & escalier sur le deuant: la garderobe aura treize pieds de largeur, sur vingt de profondeur; l'escalier dix pieds de largeur sur ladite profondeur de vingt pieds; la chambre aura vingt-quatre pieds en quarré; la salle aura quarante-huict pieds de largeur, sur vingt-quatre de profondeur; & au deuant de la salle sera vne terrasse de quatorze pieds de profondeur, sur toute la largeur de la salle, qui est quarante-huict pieds. Au dessous tant des pauillons que de la salle seront les offices.

Le second estage ne differe en rien du premier, sinon qu'au dessus de la salle vous pouuez faire deux chambres & vne garderobe, ainsi que trouuerez plus à propos.

POVR LES hauteurs, l'aire des offices sera de niueau auec le dehors, ausquels on entrera de plain pied sous la terrasse, & auront de hauteur sous soliues neuf pieds, & partant l'aire du corps de logis sera esleuée au dessus du rez de chaussée de neuf pieds neuf pouces, à laquelle on montera de dehors par l'escalier rond, qui est au deuant de la terrasse, & aura de chacun costé dix-sept marches de six pouces deux lignes chacune pour venir à l'aire de la terrasse, de laquelle on montera encore de deux marches de pareille hauteur, tant pour entrer en la salle qu'aux deux escaliers, & ces dix-neuf marches feront iustement les neuf pieds neuf pouces: Et des offices, on montera à couuert aux deux escaliers des pauillons, par dix sept marches de six pouces onze lignes de hauteur chacune.

Le premier estage aura de hauteur quatorze pieds neuf pouces, compris l'espaisseur des soliues & plancher, auquel on montera par les deux rampans par trente-trois marches de cinq pouces quatre lignes chacune. Au dessus de la salle seront chambres qui auront de dix à onze pieds d'exaucement.

Le deuxiesme estage des pauillons aura treize pieds neuf pouces, compris l'espaisseur des soliues & plancher; auquel on montera par la mesme quantité de trente-trois marches de cinq pouces de hauteur chacune.

Au dessus seront greniers ou chambres en galetas.

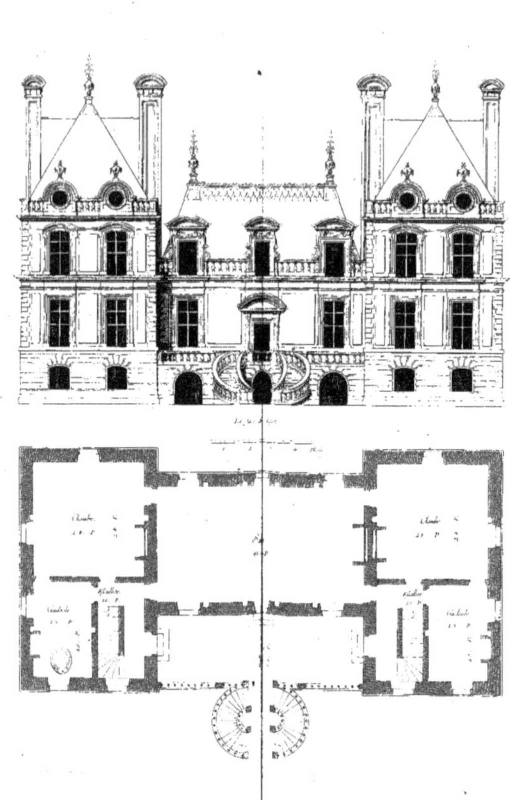

DES BASTIMENS DE CHARPENTERIE.

YANT iusques icy traitté amplement des bastimens de maçonnerie, il nous a semblé à propos de traitter aussi de la charpenterie, qui pourra seruir pour les lieux où l'on en bastit ordinairement, & pour les autres encor, ausquels on y est contrainct, à cause du peu de place que l'on a. La charpenterie donc de l'edifice se posera sur maçonnerie de deux pieds ou deux & demy de hauteur, au dessus du rez de chaussée, pour empescher la pourriture des premieres sablieres, lesquelles s'asseoiront sur la maçonnerie auec vn pouce ou pouce & demy de retraitte auec ceste obseruation, pour le regard de la maçonnerie, de garnir de pierre de taille, ou gresserie, ou autre, les endroits des battemens des portes. Les maistres posteaux qui font separation des bastimens s'assembleront sur les extremitez des sablieres auec demy pouce de retraite, & est bon que ces maistres posteaux ayent en grosseur & largeur le double des autres. Dedans ces maistres posteaux s'assembleront la seconde, troisiesme & quatriesme sablieres, dont les secondes & troisiesme sont posées à l'endroit des planchers, & dans ces sablieres s'assembleront à tenons & mortaises les posteaux tant d'huisserie que de croisée, que guettes & posteaux de remplage par le milieu; ensemble les croix saint André: & dedans les posteaux de croisée s'assembleront l'appuy au dessous, & le linteau au dessus; & au dessous desdites croisées s'assembleront à tenons & mortaises, à la sabliere & appuy de la croisée, les petits posteaux & petites guettes, & au dessus desdites croisées s'assemblent à tenons & mortaises, à la sabliere & linteau de la croisée, trois petits postelets ou entretoises. Or les espaces qui sont entre les croisées se peuuent remplir en trois manieres, sçauoir auec simples guettes & posteau au mitã, ou bien auec croix sainct André & posteaux à costé, les troisiesmes auec guettes & guettrons & posteaux à costé: & au dessus des huisseries s'assembleront trois petits posteaux au dedans des linteaux, & au dessus de l'entablement se formera le pignõ de charpenterie pour couuerture de thuille ou ardoise, selõ la maniere deduitte cy-apres, lequel pignon sera fait par le moyen de deux forces & cheurons au dessus, lesquelles forces seront assemblées par bas dans la sabliere de l'entablement & par haut dans vn poinçon; & dedans lesdites forces s'assemblera vn entraict sur le milieu du poinçon. Dedans lequel entraict, & dans la sabliere de dessous seront assemblez les posteaux des croisées, & les espaces remplis ainsi qu'il a esté dit, & au dessus dudit entraict s'assembleront deux contrefiches auec les posteaux de remplage, & au deuant du pignon & pan de bois se fera vne ferme ronde en saillie de deux pieds ou deux pieds & demy, portée par bas sur vn blochet & trois racinales, auec trois consoles par dessous.

Et au cas qu'on voulust faire l'esgout du costé du pan de bois, on le pourra faire, mais au lieu du remplage qui est entre les croisées, il y faudra appliquer des posteaux de membrure, par le moyen desquels on changera les poutres de situation, les faisant porter sur lesdits posteaux, ayans consoles au droit des portées desdites poutres par le dedans.

1 Les sablieres.
2 Les gros poteaux.
3 Les poteaux de croises.
4 Les poteaux de renplages.
5 Les croix sainct andre.
6 Les guettes simples.
7 Les guettes et guettrans.
8 Les poteaux dhuisserie.
9 Les linteaux.
10 Les petits potelets.
11 Les petits poteaux.
12 Entraict.
13 Les contrefiches.
14 Ferme ronde.
15 Les blochets.
16 Les racinales.
17 Les consoles.

1 2 Thoizes.

MANIERE DE CONSTRVIRE

LES COMBLES QVI SE FONT POVR LA COVVERTVRE: ET PREMIEREMENT DE CEVX AVSQVELS IL Y A EXAVCEMENT DE L'ENTABLEMENT AV DESSVS DV DERNIER PLANCHER, comme quand on pratique des chambres en galetas.

AYANT iusques icy traitté de l'ordre, mesure & construction des logis tant de maçonnerie que de charpenterie, depuis les fondations iusques à l'entablement: il nous reste à parler des couuertures, & des combles qui les doiuent soustenir. Or ces couuertures seront ou de thuille ou d'ardoise, qui sont les matieres les plus communes & vsitées. La thuille pour estre commodement soustenuë n'a pas besoin que le triangle de son comble ait pareil exaucement que celuy de l'ardoise, mais il suffit que lors que sa base, c'est à dire la largeur de tout l'edifice, contiendra huict parties, les deux costez qui s'assemblent au faiste en ayent chacun sept. Les combles qui sont faits pour ardoise doiuent auoir plus d'exaucement, tant à cause du vent qui enleueroit ladite ardoise, que pour le retour de l'eau qui pourrit. Quelques-vns se contentent du triangle equilateral pour la forme du comble à ardoise, les autres ayant le bois à commandement l'exaucent encores plus, à sçauoir en telle sorte que quand la base qui est tousjours la largeur du massif de l'edifice contient huict parties, les deux costez qui s'assemblent au faiste en contiennent chacun neuf. Or soit que vous faciez vostre couuerture de thuille ou d'ardoise, vous vous seruirez indifferemment des manieres suiuantes n'y ayant de difference entre l'vne & l'autre, que celle qu'apporte la construction des triangles de leurs combles, & telles couuertures tant de thuille que d'ardoise, se font ou auec exaucement de l'entablement au dessus du dernier plancher, ou sans exaucement: si c'est auec exaucement tel ouurage se fait encor en deux manieres, à sçauoir entre deux pignons, ou auec croupe, & chacune se diuersifie encor en deux sortes, la premiere auec iambes de force, la seconde auec platte-forme. Selon la premiere maniere les iambes de force se posent sur les portées des poutres, qui sont les extremitez d'icelles, qui portent sur les corps des murs, & suffit qu'il y ait de quatre à cinq pouces, depuis l'extremité de la poutre iusques au dehors du mur, & s'assemblent lesdites iambes de force dedans les poutres auec tenons & mortaises: & est à remarquer qu'il faut tenir lesdites iambes de force les plus droites que faire se peut, afin de ne point incommoder le dedans de la place, ayant aussi esgard de ne les pas tenir si droites qu'elles puissent incommoder la couuerture. Ces iambes de force soustiennent vn tirant auquel elles sont assemblées pareillement auec tenōs & mortaises, & liées par dessus auec goussets assemblez aussi auec tenons & mortaises, en sorte que pour deux parties prises dans le tirant, il en soit prises trois en la iambe de force, & sur ce tirant se peut encore faire vn dernier plancher. Au dessus de ce tirant & aux extremitez d'iceluy s'assemblent encores deux forces à tenons & mortaises, tant dans le tirant que dedans le haut d'vn poinçon, duquel le bas porte à plomb sur le milieu du tirant. Ce poinçon sera garny de bossages tant en haut qu'embas, & aux abouts des contrefiches & liens; ces forces sont encore liées au tirant auec iambettes portans à plomb sur iceluy, & s'assemblent tant auec le tirant qu'auec la force, auecques tenons & mortaises; & dedans le poinçon & les forces, sont en-

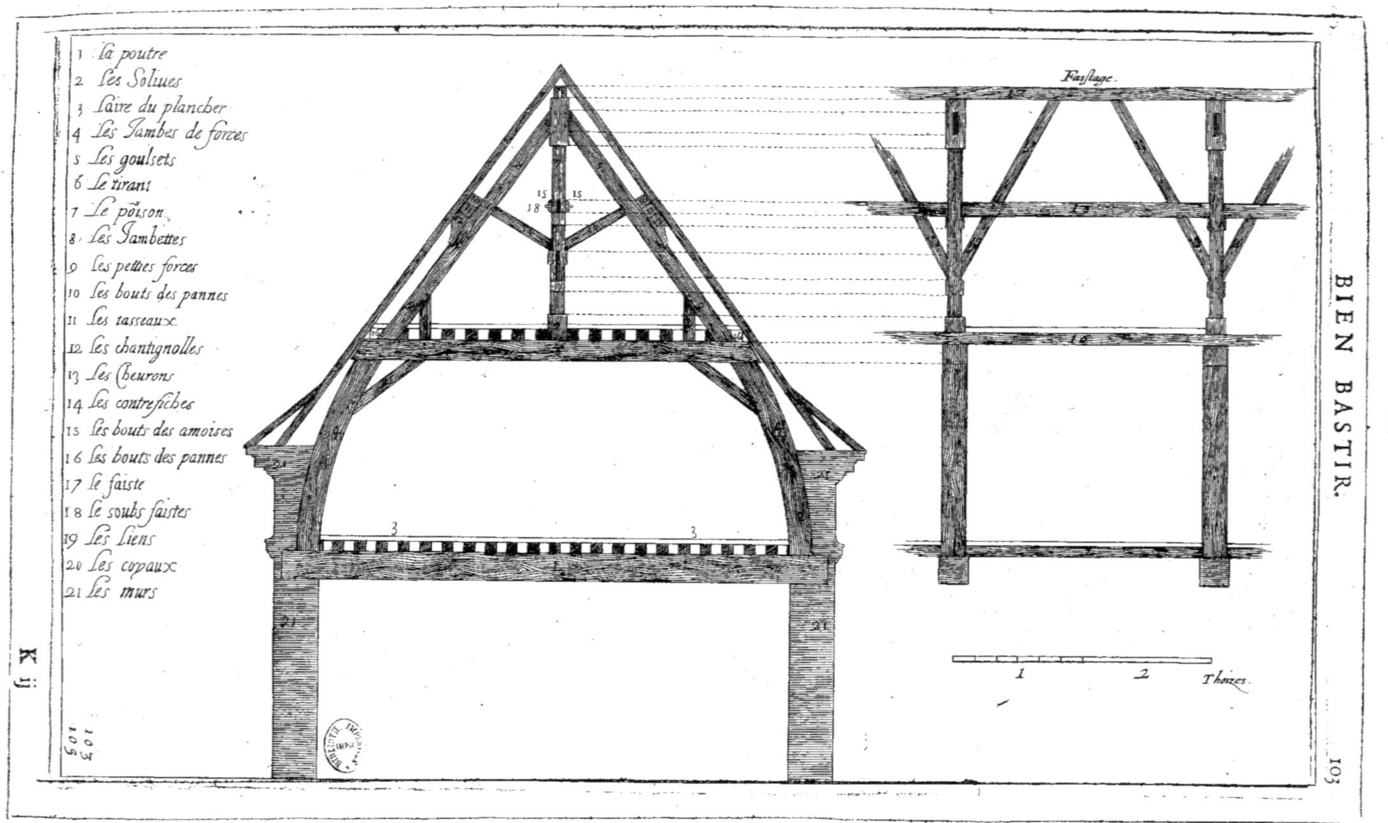
1 la poutre
2 Les Soliues
3 L'aire du plancher
4 Les Iambes de forces
5 Les goulsets
6 Le tirant
7 Le poinçon
8 Les Iambettes
9 les pettites forces
10 les bouts des pannes
11 les tasseaux
12 les chantignolles
13 Les Cheurons
14 les contrefiches
15 les bouts des amoises
16 les bouts des pannes
17 le faiste
18 le soubs faistes
19 Les Liens
20 Les copaux
21 Les murs
Faistage
1
2
Thoizes

cores assemblées des contrefiches à tenons & mortaises ; & se joignent les contrefiches aux forces iustement au droict des pannes, lesquelles pannes sont soustenuës des tasseaux cheuillez auec cheuilles de bois ; & ces tasseaux sont encore soustenus de chantignoles encastrées d'vn pouce ou de trois quarts de pouce par bas dedans le corps de la force, & venãs à mourir à rien par haut au dessous du tasseau. Et seront posées deux autres pannes sur les testes desdits tirans, & aux abouts desdites forces, & sur lesdites pannes tãt d'en haut que d'embas seront posez les cheurons, qui s'assembleront les vns aux autres, auec tenons & mortaises par haut & encastrez dans l'areste dudit faistage d'vn pouce, & poseront par bas sur l'entablement à vn pouce ou pouce & demy de retraite sur l'espaisseur du mur à prendre du dehors sans la saillie: & seront lesdits cheurons percez, ou autrement brandis & cheuillez auec cheuilles de bois à trauers des corps desdites pannes, & sur le bas desdits cheurons seront appliquez coyaux cloüez sur lesdits cheurons, & dont le bas portera iusques aux bords de la saillie de l'entablement, afin de reietter les eaux arriere des murs. Tout ce que dessus est pour la description & deuis des fermes. Reste à traiter des faistages qui sont de ferme en ferme, pour la construction desquels s'assemble le faiste dans le bout d'enhaut des poinçons, par tenons & mortaises, & vn sousfaiste au dessus enuiron le mitan desdits poinçons, pareillement assemblé ausdits poinçons des deux fermes par tenons & mortaises, & dedans lesdits poinçons au dessous du sousfaiste s'assembleront des liens coupez en deux à l'endroit dudit sousfaiste, lesquels se lieront tant auec lesdits poinçons que faiste & sousfaiste à tenons & mortaises, & seront tellement espacez par haut qu'ils diuisent le faiste en trois parties: & l'vne de ces trois parties estant de rechef partie en deux, il en faudra donner trois semblables à l'espace depuis le dessous du faiste iusques à l'about du lien. Et en cas que les liens & sousfaiste vinssent à se confondre ensemble au poinçon, il faudra prendre la conionction du lien & du poinçon plus bas à la discretion de l'ouurier, pourueu qu'on n'affoiblisse point le corps du poinçon. Et seront les faistes liez les vns aux autres, par le moyen de longs joincts à crochettes au droict des poinçons, & cheuillez auec cheuilles de bois; & les sousfaistes, liens & poinçons seront affermis de deux amoises qui embrassent les poinçons, sousfaistes & liens à l'endroit des assemblages. Ces amoises seront cheuillées l'vne auec l'autre, & au sousfaiste par cheuilles de bois trauersantes de part en part, & seront les cheurons espacez sur les faistages & pannes de deux pieds en deux pieds, si les cheurons sont de bonne grosseur, ou de seize pouces, s'ils sont foibles, car par ce moyen la latte qui a communement quatre pieds portera sur trois cheurons de deux en deux pieds, & sur quatre de seize en seize pouces. Voila donc ce qui se peut dire tant des fermes que des faistages des couuertures communes, selon la premiere maniere, mais le tout se verra plus distinctement au dessein qu'il ne se peut exprimer par parole.

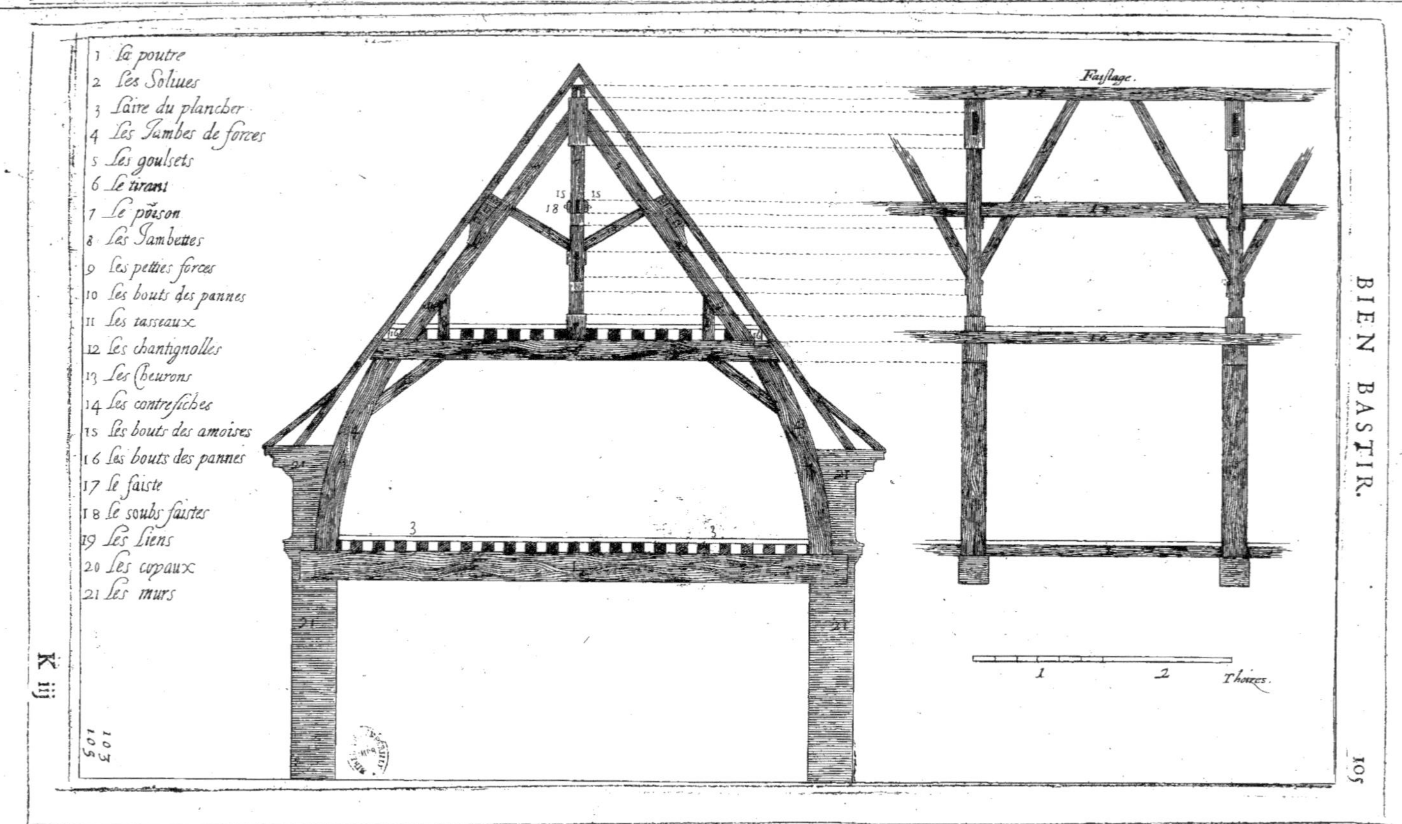
1 La poutre
2 Les Soliues
3 l'aire du plancher
4 Les Jambes de forces
5 Les goulsets
6 Le tirans
7 Le põison
8 Les Jambettes
9 les petites forces
10 les bouts des pannes
11 Les tasseaux
12 Les chantignolles
13 Les Cheurons
14 Les contrefiches
15 les bouts des amoises
16 Les bouts des pannes
17 Le faiste
18 Le soubs faistes
19 Les Liens
20 Les coyaux
21 Les murs
Fayslage.
1
2
Thoises.
103
105

LA SECONDE maniere qui se fait auec exaucement & platte-forme se construict ainsi. Sur les deux extremitez des murs sont posées deux sablieres, en sorte qu'aucune partie d'icelles ne porte à faux: elles seront jointes les vnes aux autres des entre-toises sur toute leur lõgueur, espacées entr'elles de six en six pieds. Sur ces sablieres sont trauez des blochets à mordans & queuë d'aironde enfoncez dãs icelles d'vn pouce ou d'vn pouce & demy, en sorte que le dessus desdits blochets vienne de niueau: & au dessus des extremitez des blochets serõt posez les maistres cheurons, & assemblez par tenõs & mortaises dãs lesdits blochets, & en haut dans le corps d'vn poinçon: & sur les extremitez du blochet en dedans seront portées des iambettes assemblées auec tenons & mortaises, & à la hauteur que vous voudrez donner à l'estage en galletas sera conduit vn entraict d'vn cheuron à l'autre, assemblé auec tenons & mortaises, & liez par dessous auec esseliers espacez ainsi que nous auons dit des goussets, & par le dessus de iãbettes, & au milieu de l'entraict sera posé le poinçõ, dont a esté parlé cy dessus, auec tenõs & mortaises & boulõs de fer, par dessous l'entraict si besoin est, & enuiron la moitié dudit poinçon sera assemblé vn autre petit entraict de deux pieces à tenons & mortaises, assemblez & soustenus par esseliers comme les precedens. Ce que dessus est la description d'vne maistresse ferme. Or les fermes qui sont entre deux maistresses fermes, s'appellent fermes de remplage, & sont espacées entr'elles de deux en deux pieds, de milieu en milieu, & sõt garnies de pareilles parties que les maistresses fermes, & semblablement assises hormis le poinçon, & que les entraicts ny les cheurõs n'en sont si gros. Ce que dessus est dit pour le regard des fermes tant maistresses que de rẽplage. Reste à parler des faistages qui se construisent en assemblãt des saistes par haut dans les testes des poinçõs & deux liernes les vnes basses les autres hautes, trauées sur les entraicts des fermes de remplage, & assemblées par les deux bouts dans les corps desdits poinçons. Et dans le faiste estant entre deux poinçons sont asséblez par haut deux liens coupez en deux, lesquels par bas s'asséblent auec tenons & mortaises, tant à la lierne qu'au corps desdits poinçons: & pour le regard des croupes il se fera vne demye ferme dans le milieu, semblable aux precedentes maistresses fermes, horsmis qu'elle sera vn peu plus roide, & de part & d'autre de ladite demye ferme s'espaceront autres demyes fermes de rẽplage ou empannõs de deux pieds en deux pieds, ou de seize en seize pouces, de milieu en milieu, dont les embranchemens s'assembleront auec tenons & mortaises, dans le corps des coyers, & dedans les empannons ou demye ferme: lequel ordre sera aussi gardé du costé du long pan depuis l'arestier, iusques à la rencontre de la maistresse ferme. Et dedans le blochet qui est en l'angle traué sur la platte-forme est assemblé l'arestier, dont le sommet se va joindre à gueule dans l'areste du poinçon par haut, & est cet arestier assemblé par bas auec vne iambette dans ledit blochet, & dans le corps dudit arestier, ensẽble dans des goussets proches du poinçon, s'assemblerõt à tenõs & mortaises deux coyers l'vn embas l'autre en haut, & seront asséblez deux grands esseliers dans les coyers & arestier, en sorte que les petits esseliers qui viendront à l'endroit s'y puissent assembler dedãs. Pareillement aussi s'assébleront les empannons tant dedans les blochets que dedãs l'arestier, ensemble les iãbettes, le tout auec tenõs & mortaises, espacez cõme dit est de deux en deux pieds, ou de seize en seize pouces. Voila ce que nous auõs iugé deuoir estre dit pour les lieux où y a exaucemẽt de l'entablemẽt au dessus du dernier plãcher. Reste à parler de ceux où il n'y a point d'exaucement, qui se pourront encor construire par la deuxiesme maniere que nous venons de deduire, & par la troisiesme & quatriesme suiuantes.

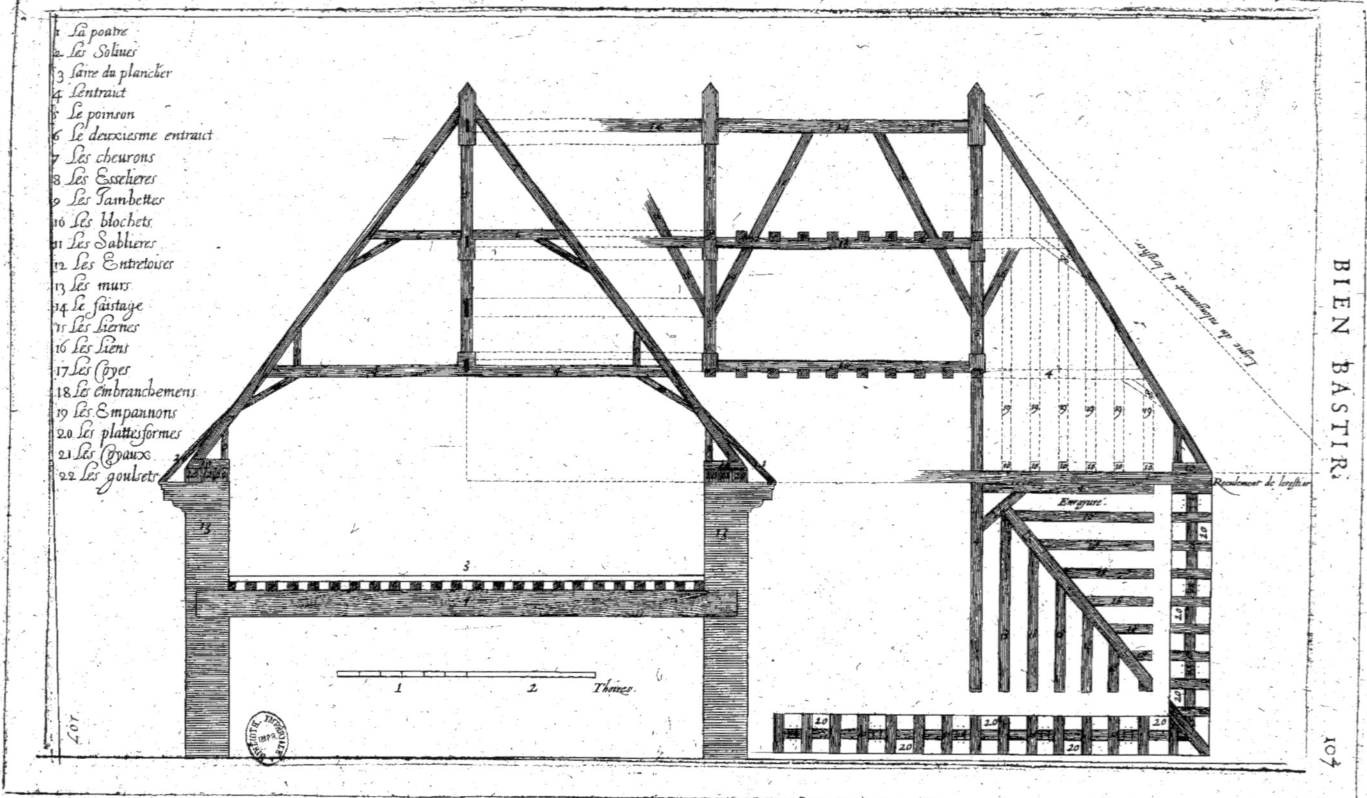
1 La poutre
2 Les Solives
3 l'aire du plancher
4 Lentrait
5 Le poinson
6 Le deuxiesme entrait
7 Les chevrons
8 Les Esselieres
9 Les Jambettes
10 Les blochets
11 Les Sablieres
12 Les Entretoises
13 Les murs
14 Le faistage
15 Les liernes
16 Les Liens
17 Les Coyes
18 Les embranchemens
19 Les Empannons
20 Les plattesformes
21 Les Coyaux
22 Les goulsets
Enrayure
1
2
Thoises

A troisiesme maniere a beaucoup de ressemblance auec la premiere, excepté qu'au lieu des iambes de forces & des forces appliquées au dessus d'icelles, il n'y a que forces simples, continuées du bas en haut, & qui portent sur les poutres & sur le corps des murs par bas & dans le poinçon par haut. Lequel poinçon descend iusques sur le milieu de la poutre, à laquelle il est ioinct auec tenons & mortaises, & au cas que la poutre ait grande portée on pourra encore lier le poinçon auec icelle, auec boulons de fer ou à estrier, moyennant que les forces soient bien assemblées dans le corps du poinçon auec abouts. Mais si la poutre n'a pas grande portée on pourra faire l'entraict d'vne piece, & couper le poinçon au dessus d'iceluy, qui s'assemblera auec ledit entraict auec tenons & mortaises, & par ce moyen le grenier sera deliuré de l'incommodité du poinçon.

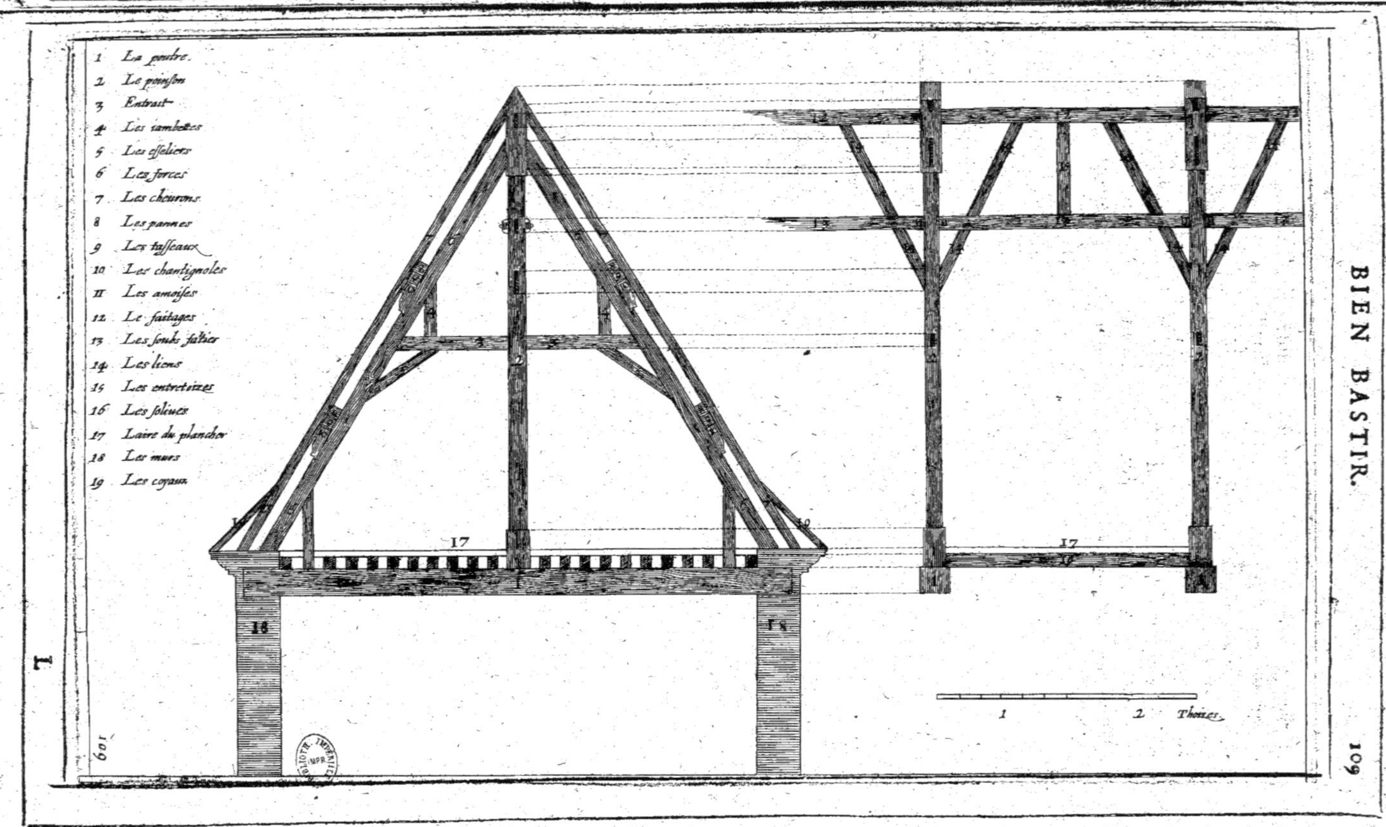
1 La poutre.
2 Le poinson
3 Entrait
4 Les iambettes
5 Les esseliers
6 Les forces
7 Les cheurons.
8 Les pannes
9 Les tasseaux
10 Les chantignoles
11 Les amoises
12 Le faistages
13 Les soubs faistes
14 Les liens
15 Les entretoizes
16 Les soliues
17 Laire du plancher
18 Les murs
19 Les coyaux
17
17
18
18
1
2 Thoizes
109

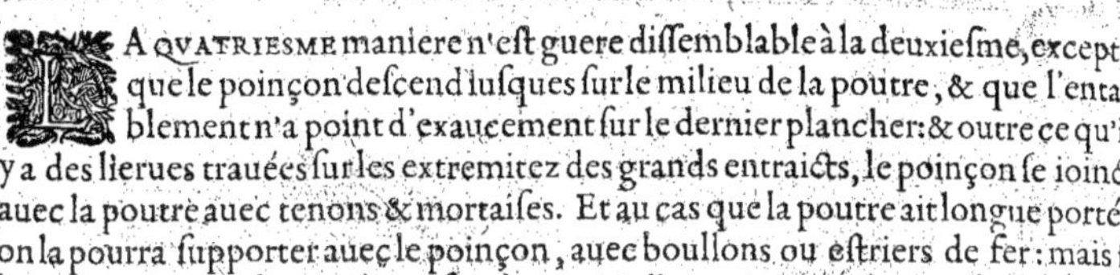

LA QVATRIESME maniere n'eſt guere diſſemblable à la deuxieſme, excepté que le poinçon deſcend iuſques ſur le milieu de la poutre, & que l'entablement n'a point d'exaucement ſur le dernier plancher: & outre ce qu'il y a des lierues trauées ſur les extremitez des grands entraicts, le poinçon ſe ioinct auec la poutre auec tenons & mortaiſes. Et au cas que la poutre ait longue portée on la pourra ſupporter auec le poinçon, auec boullons ou eſtriers de fer: mais ſi la poutre n'a grande portée, on fera l'entraict d'vne piece, & dans iceluy s'aſſemblera le poinçon, ſans qu'il ſoit beſoin de le continuer plus bas.

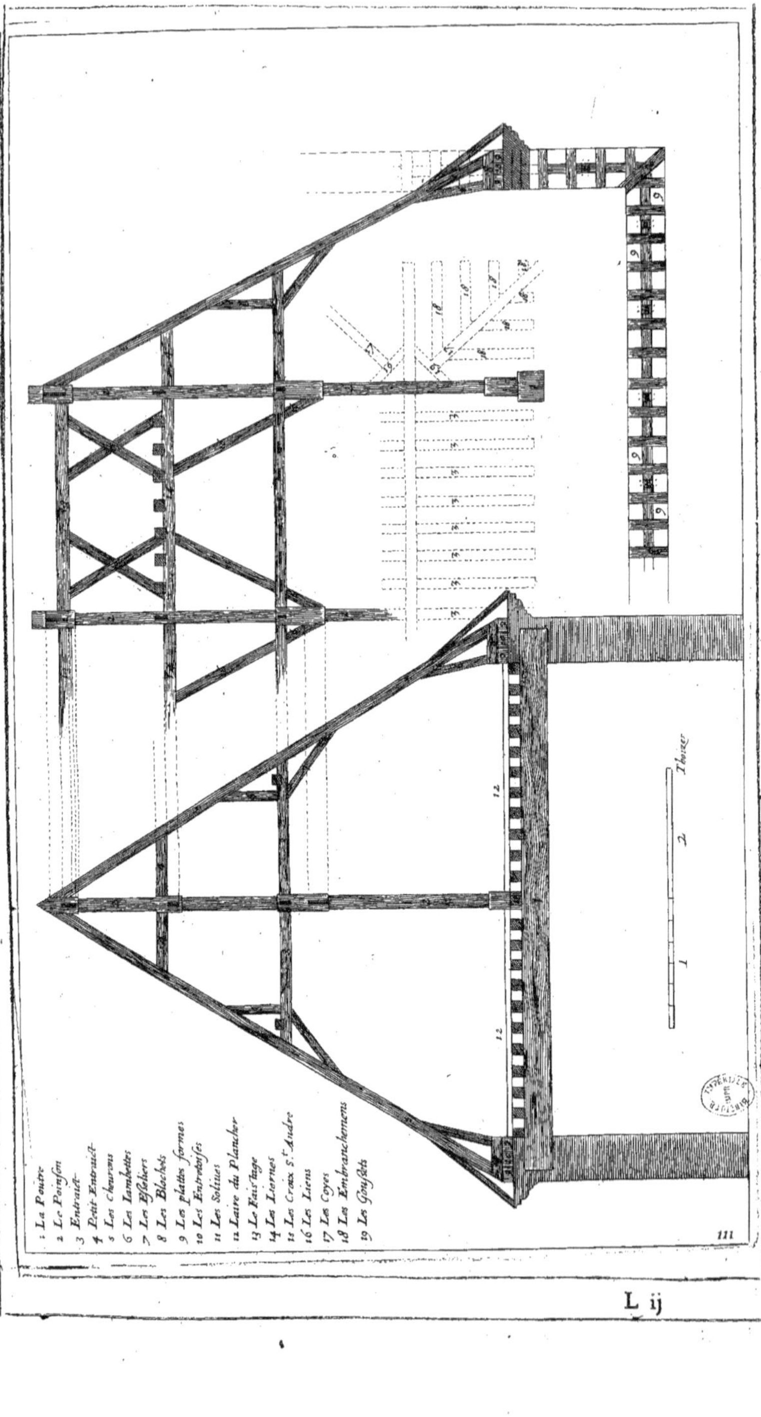

1 La Poutre
2 Le Poinsson
3 Entraict
4 Petit Entraict
5 Les cheurons
6 Les Iambettes
7 Les Essieliers
8 Les Blochets
9 Les plattes formes
10 Les Entretoises
11 Les Soliues
12 Laire du Plancher
13 Le Faistage
14 Les Liernes
15 Les Croix S.t Andre
16 Les Liens
17 Les Coyes
18 Les Embranchemens
19 Les Goussets

Thoize

Reste encor deux autres manieres de petits combles, pour couurir les passages, escaliers, galleries & autres accommodemens; dont le premier se fait auec petites fermes & fermes simples. Les petites fermes sont composées de deux cheurons, vn poinçon & vn entraict, les deux cheurons assemblez par haut dans la teste du poinçon à tenons & mortaises, & portez par bas sur sablieres si ce sont pans de bois, ou sur platte-forme si c'est maçonnerie. L'entraict s'assemble aux cheurons & au poinçon par tenons & mortaises. Les fermes simples sont composées de deux cheurons couplez par haut auec tenon & mortaise; & d'vn entraict fait de deux pieces, assemblées dans les cheurons, & dans le corps d'vne lierne qui va d'vne ferme à l'autre, & porteront les cheurons par bas, sur sablieres, ou sur plattes-formes, comme dit est. Les fermes simples s'espaceront entre les deux petites fermes de deux en deux pieds, ou de seize en seize pouces. Le faistage entre deux petites fermes sera soustenu par deux liens assemblez, tant dans la piece du faistage, que dans le corps des poinçons à tenons & mortaises; auquel on pourra adiouster vne entretoise, ou croix S. André par le mitan, si la portée est trop longue. La croupe sera composée d'vn entraict de croupe assemblé dans le grand entraict de la ferme, & dans le cheuron de croupe; & de deux goussets pareillement assemblez dans lesdits entraicts, dans lesquels goussets seront assemblez deux coyers, lesquels pareillement s'iront assembler dans les arestiers. Et dans les coyers s'assembleront aussi de petits entraicts espacez entr'eux de seize en seize pouces, ou de deux en deux pieds, comme dit est, & se viendront de rechef assembler dans les empannons, & lesdits empannons s'assembleront par bas dans les sablieres ou plattes-formes, & par haut dans les arestiers.

L'autre maniere de petit comble est celuy que l'on nomme en appenty ou à potence, lequel est composé d'vne demye ferme, qui consiste en vn tirant porté dans les deux corps du mur, sur lequel tirant est assemblé vn poinçon le long du grand mur, & dedans le tirant & poinçon est assemblée vne force, soustenuë par son milieu d'vne contre-fiche, pareillement assemblée tant en ladite force que dans le corps du poinçon. A l'endroit de la contre-fiche, & au dessus de la force sera posée vne panne, soustenuë d'vn tasseau & d'vne chantignolle, & entre deux demy fermes sera le faistage, composé d'vne piece de bois assemblée & portée sur les testes des poinçons à tenons & mortaises, & soustenuës par dessous de liens. Et sur le faistage, panne, sabliere ou platte-forme, se poseront les cheurons, espacez de deux en deux pieds, ou de seize en seize pouces, & seront lesdits cheurons percez & brandis auec cheuilles de bois, tant sur les pannes que faistage, & au bas d'iceux cheurons seront appliquez des coyaux cloüez sur lesdits cheurons.

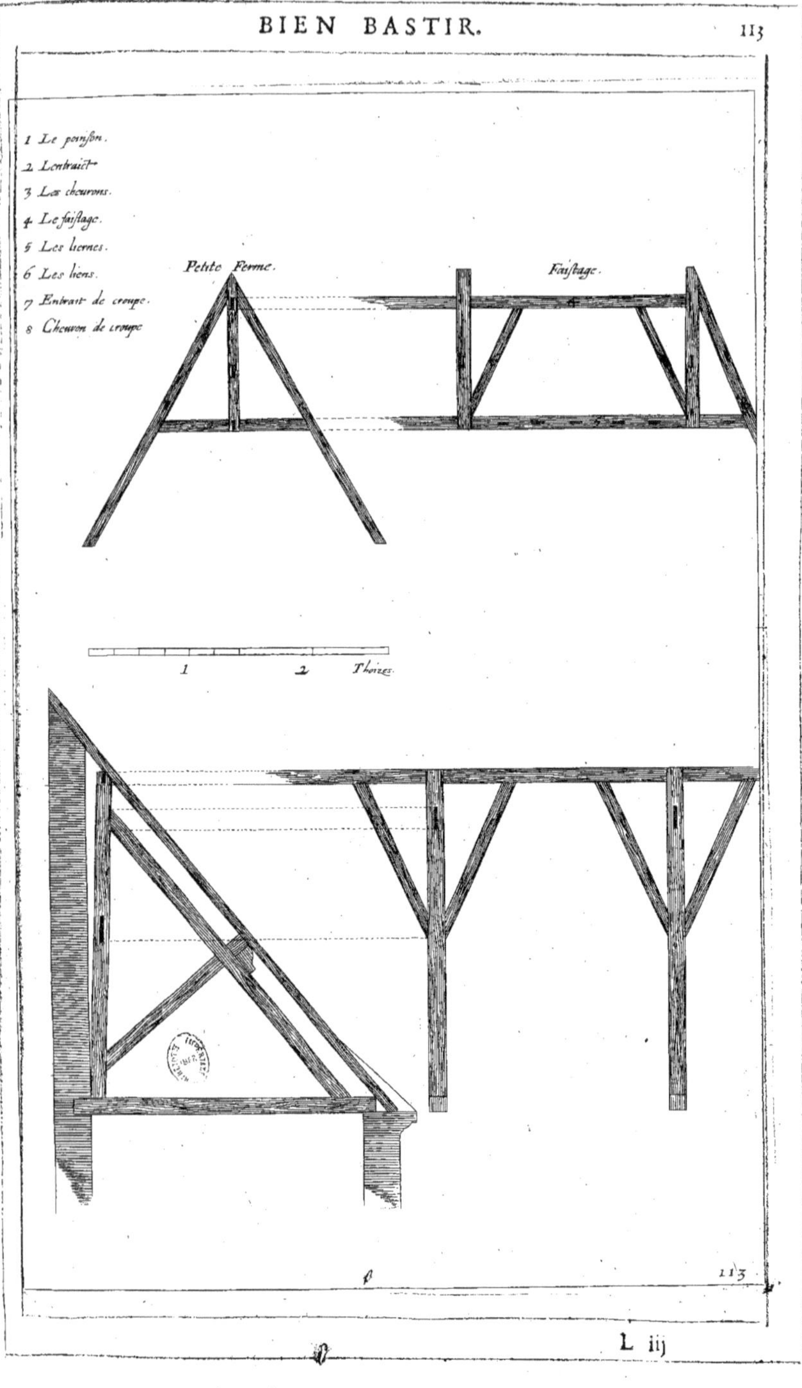
1 Le poinson.
2 Lentraict.
3 Les cheurons.
4 Le faistage.
5 Les liernes.
6 Les liens.
7 Entrait de croupe.
8 Cheuron de croupe
Petite Ferme.
Faistage.
1
2
Thoizes.
113

AVGMENTATIONS DE NOVVEAVX BASTIMENS FAITS EN FRANCE

Par les Ordres & Desseins du Sieur le Muet.

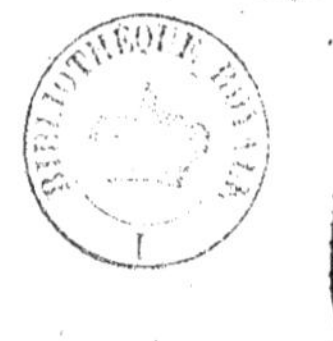

A PARIS.

Chez la vefue FRANCOIS LANGLOIS, dit CHARTRES, Marchand Libraire, ruë S. Iacques, aux Colomnes d'Hercules, prés le Lyon d'Argent.

M. DC. XLVII.

AVEC PRIVILEGE DV ROY.

1 2 3 4 5 6 12 Thoizes
A

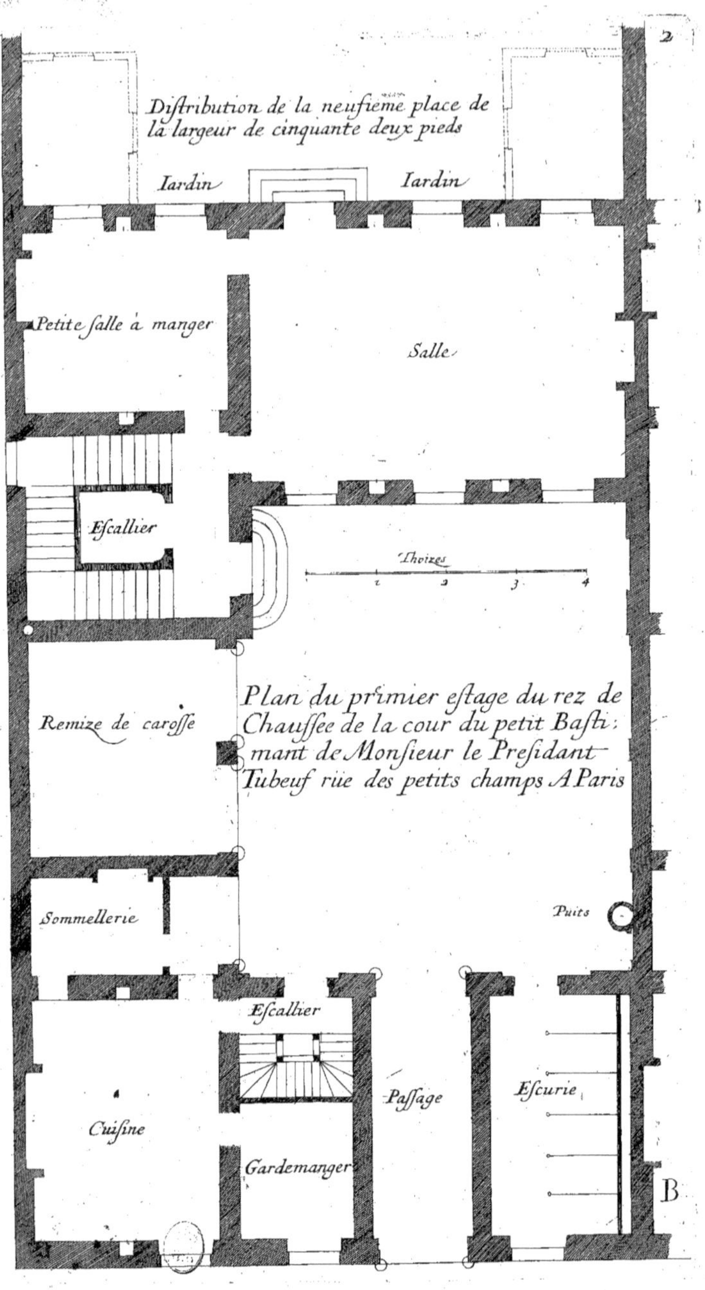
2
Distribution de la neufieme place de la largeur de cinquante deux pieds
Iardin
Iardin
Petite salle à manger
Salle
Escallier
Thoizes
1 2 3 4
Plan du premier estage du rez de Chaussée de la cour du petit Basti: mant de Monsieur le President Tubeuf rüe des petits champs A Paris
Remize de carosse
Sommellerie
Puits
Escallier
Passage
Escurie
Cuisine
Gardemanger
B

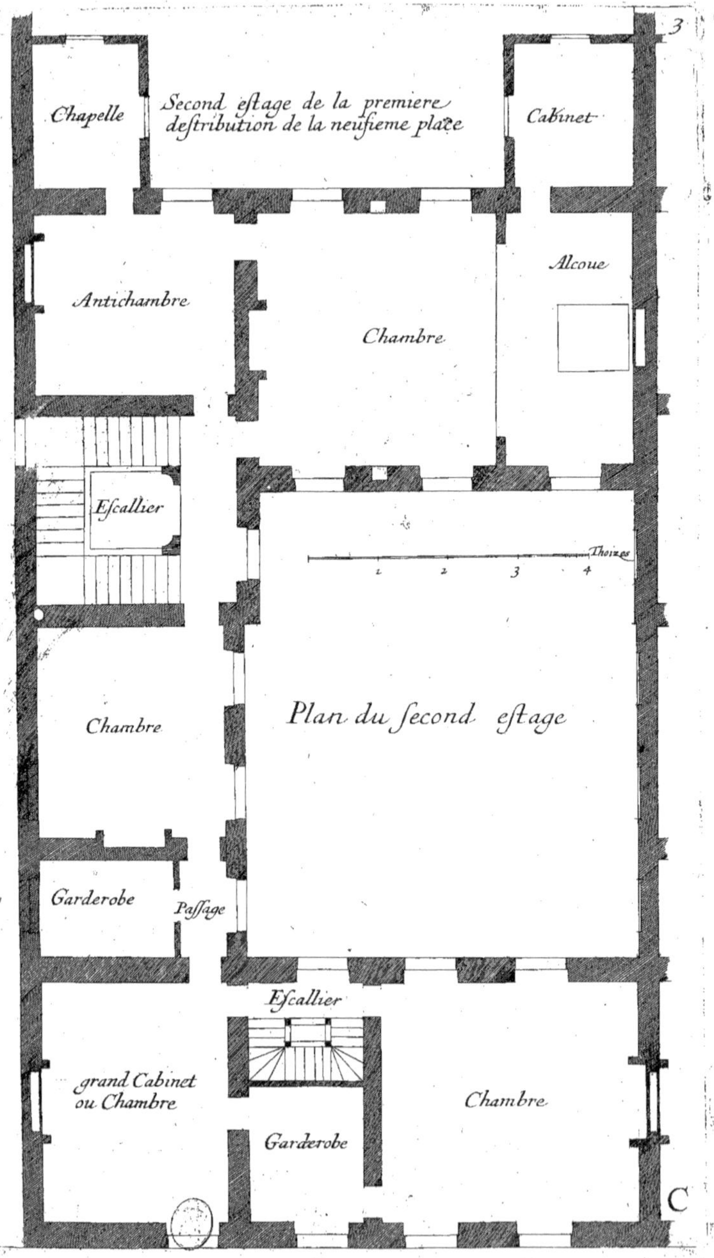
3
Chapelle
Second estage de la premiere
destribution de la neufieme place
Cabinet
Alcoue
Antichambre
Chambre
Escallier
Thoizes
1 2 3 4
Chambre
Plan du second estage
Garderobe
Passage
Escallier
grand Cabinet
ou Chambre
Garderobe
Chambre
C

FACE DV BASTIMANT DV COSTE DE LA COVR

E FACE DE L'AISLE DV COSTE DE LA COVR

5

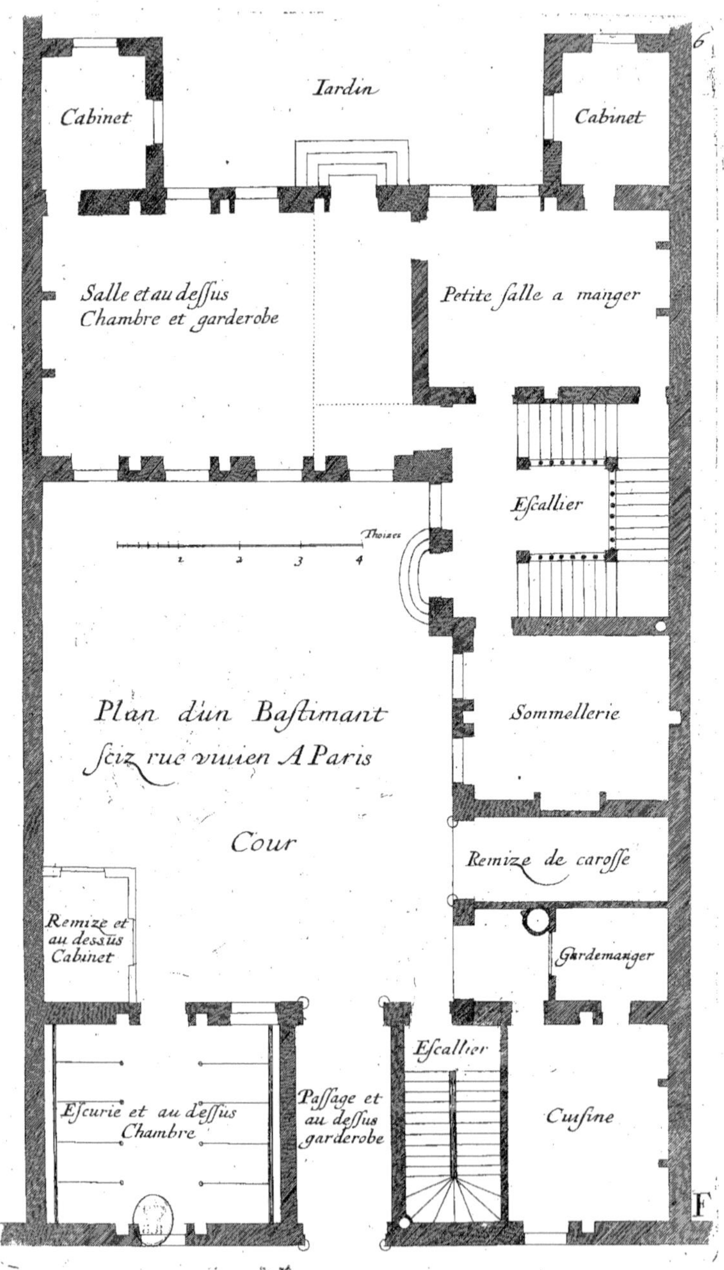

6
Iardin
Cabinet
Cabinet
Salle et au dessus
Chambre et garderobe
Petite salle a manger
Escallier
Thoizes
1 2 3 4
Plan d'un Bastimant
sciz rue vivien A Paris
Sommellerie
Cour
Remize de carosse
Remize et
au dessus
Cabinet
Gardemanger
Escallier
Escurie et au dessus
Chambre
Passage et
au dessus
garderobe
Cusine
F

FACE DV BASTIMENT DV COSTE DE LA COVR

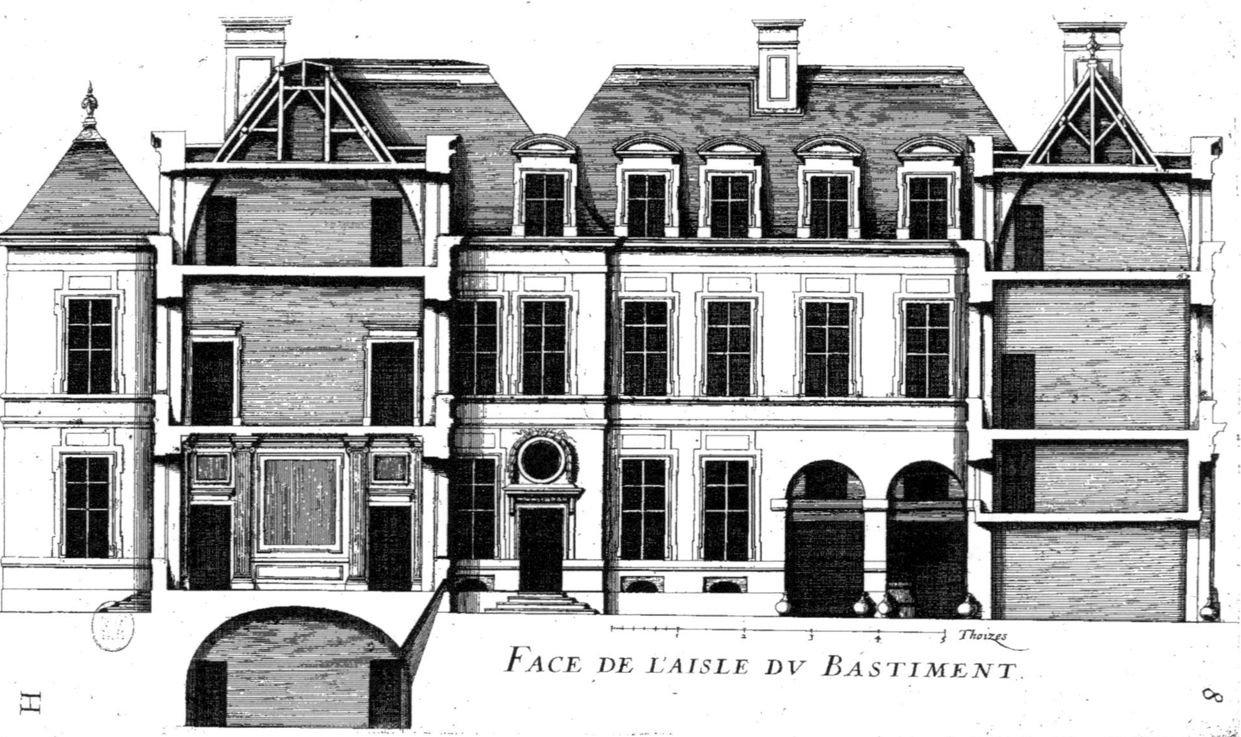

FACE DE L'AISLE DV BASTIMENT

Plan de L'estage au rez de chaussée du fossé du Chasteau de Pontz en Champagne
Secours de Sommellerie
Sommellerie
Grande Salle d'esté
Garderobe
Chambre d'esté
Vestibule
Passage
Boulangerie
Chambre d'officiers
Chambre
Fossé
Fossé
Garderobe
Salle du commun
Chambre d'officiers
Serre
Cuisine
Lavoir
Gardemanger
Puits
Serre a mettre les fruits
Fossé
Fossé
Thoises
1

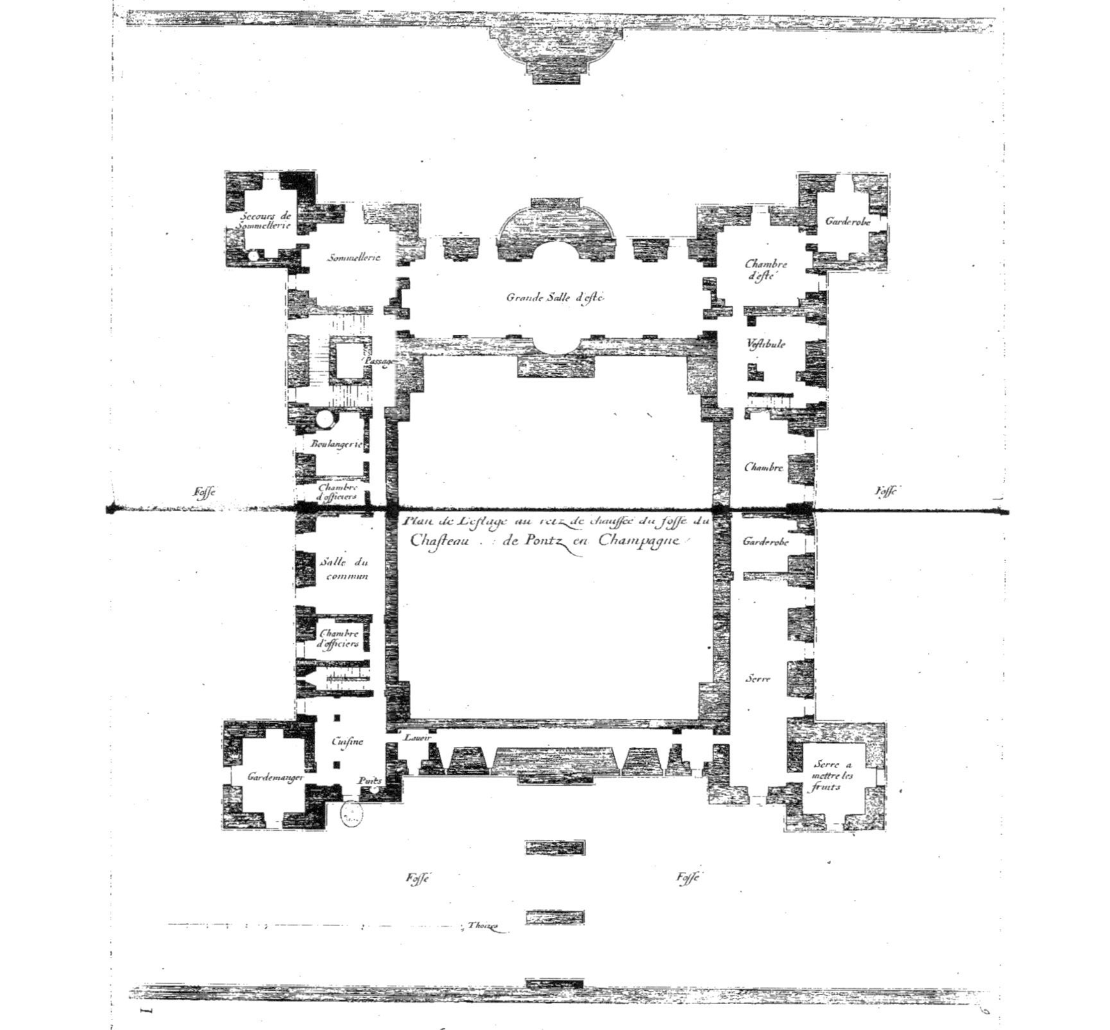

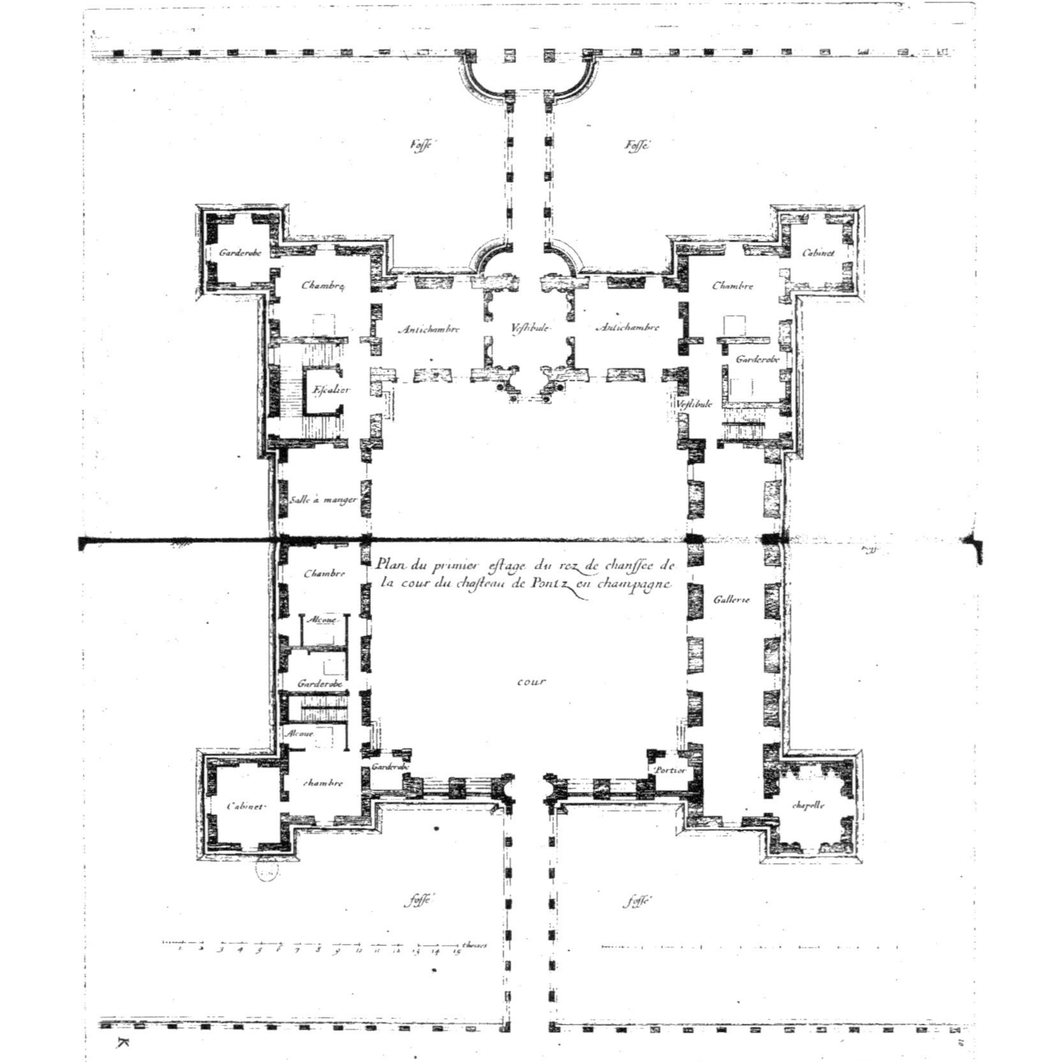
Plan du primier estage du rez de chaussée de
la cour du chasteau de Pontz en champagne
Fossé
Fossé
Garderobe
Chambre
Antichambre
Vestibule
Antichambre
Chambre
Cabinet
Garderobe
Escalier
Vestibule
Salle à manger
Chambre
Alcove
Garderobe
Alcove
Garderobe
chambre
Cabinet
Gallerie
cour
Portier
chapelle
fossé
fossé
1 2 3 4 5 6 7 8 9 10 11 12 13 14 15 thoises
K

FACE DV MVR D'ARCHITECTVRE ET PORTAIL DE L'ENTREE AV DEDANS DE L'ANTICOVR DV CHASTEAV DE PONTZ

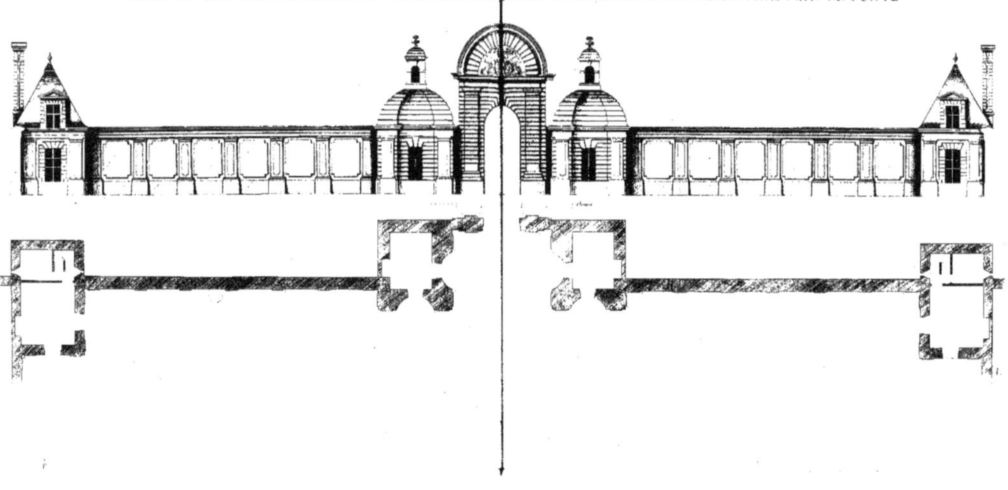

FACE DV COSTÉ DE LA COVR DV CHASTEAV DE PONTZ AVEC LA TERRASSE DE L'ENTRÉE ET PAVILLON SVR LE DEVANT

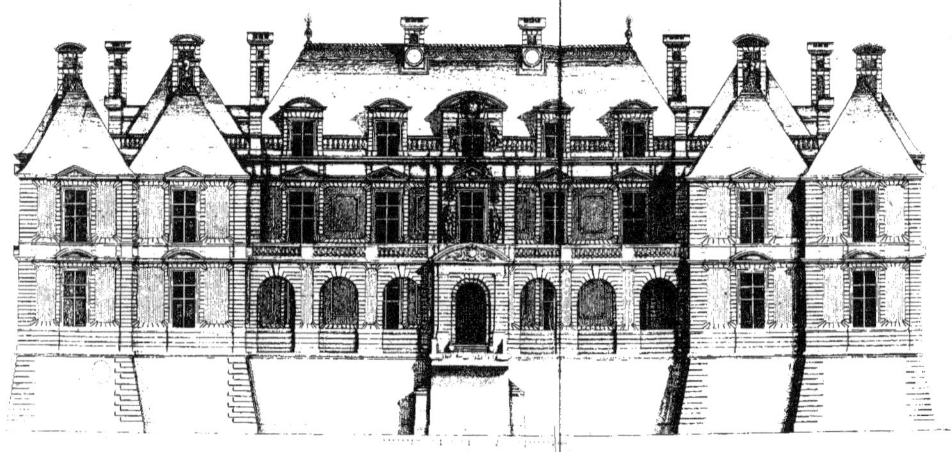

M

FACE DV COSTÉ DE LA COVR DV CHASTEAV [illegible] PONTZ EN CHAMPAGNE

V

FACE DE LAISLE DV COSTÉ DE LA COVR DV CHASTEAV DE PONTZ

FACE DV COSTÉ DV PARTERRE DV CHASTEAV DE PONTZ EN CHAMPAGNE

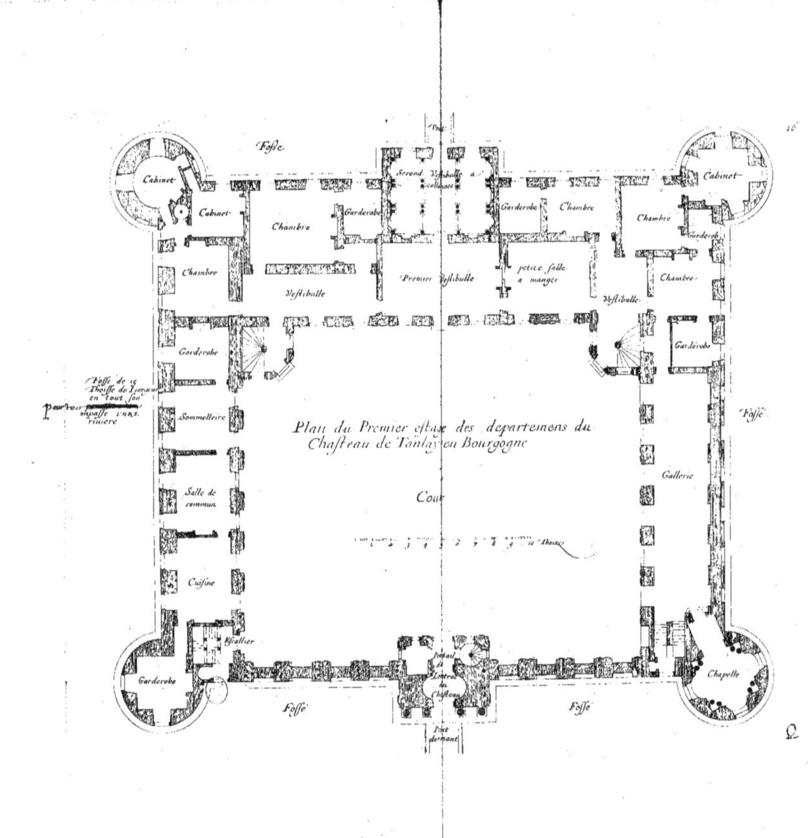

Plan du Premier estage des departemens du Chasteau de Tanlay en Bourgogne
Fosse
Cabinet
Cabinet
Chambre
Garderobe
Second Vestibulle a colonnes
Garderobe
Chambre
Chambre
Cabinet
Garderob
Chambre
Vestibulle
Premier Vestibulle
petite salle a manger
Vestibulle
Chambre
Garderobe
Garderobe
Sommelleire
Salle de commun
Cuisine
Escallier
Garderobe
Cour
Gallerie
Fosse
Chapelle
Fosse
Fosse
Pont dormant
Pont

Balustres
Gallerie
Garderobe
Garderobe
Chambre
Chambre
Salle
Chambre
Chambre
Cabinet
Garderobe
Chambre
Vestibulle
Antichabre
Garderobe
Chambre
Plan du second estage
du chasteau de Tanlay
Fossé
Garderobe
Garderobe
Fossé
Gallerie
1 2 3 4 5 6 7 8 9 10 Thoizes
Chambre
Cabinet
Chapelle

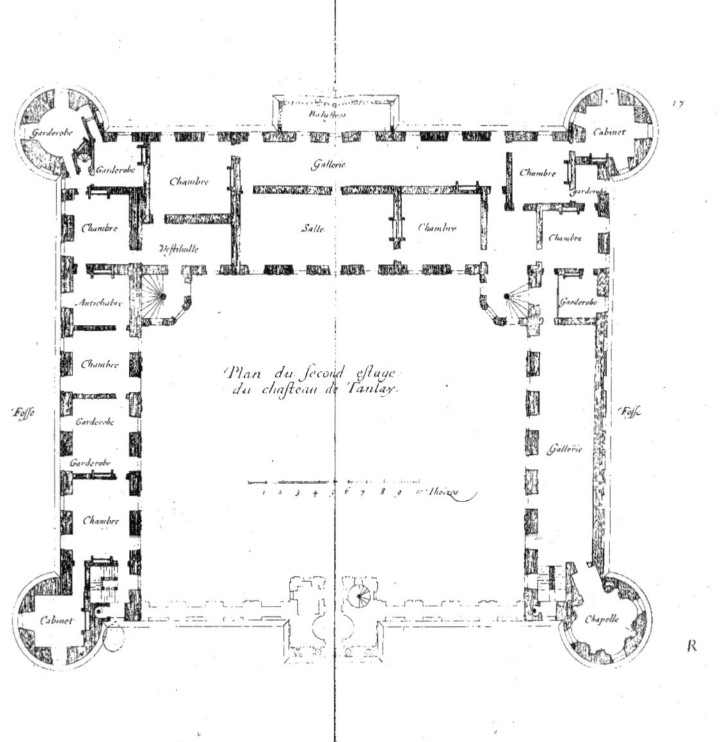

R

FACE DV COSTE DE LA COVR DV CHASTEAV DE TANLAY

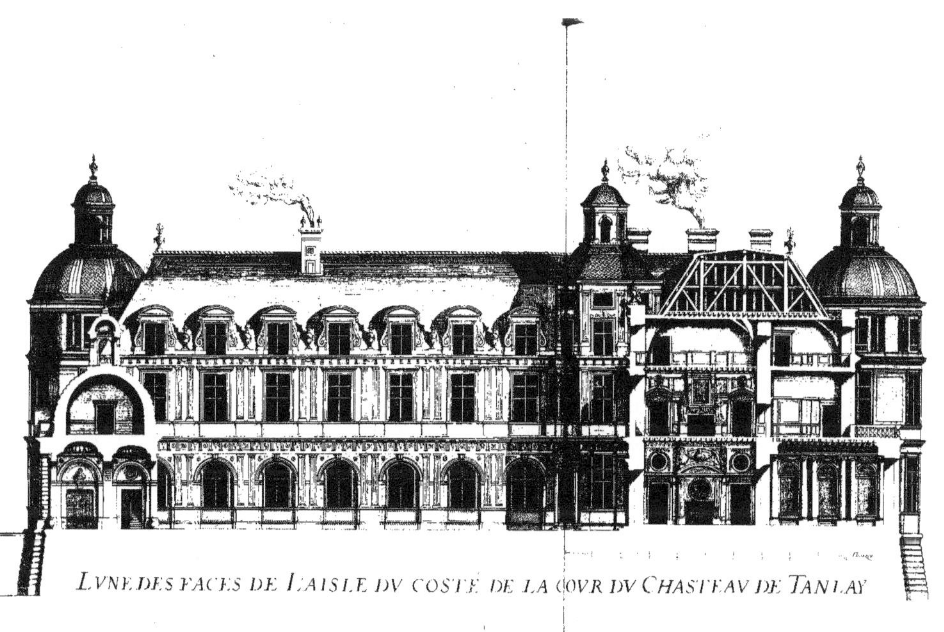

LVNE DES FACES DE L'AISLE DV COSTÉ DE LA COVR DV CHASTEAV DE TANLAY

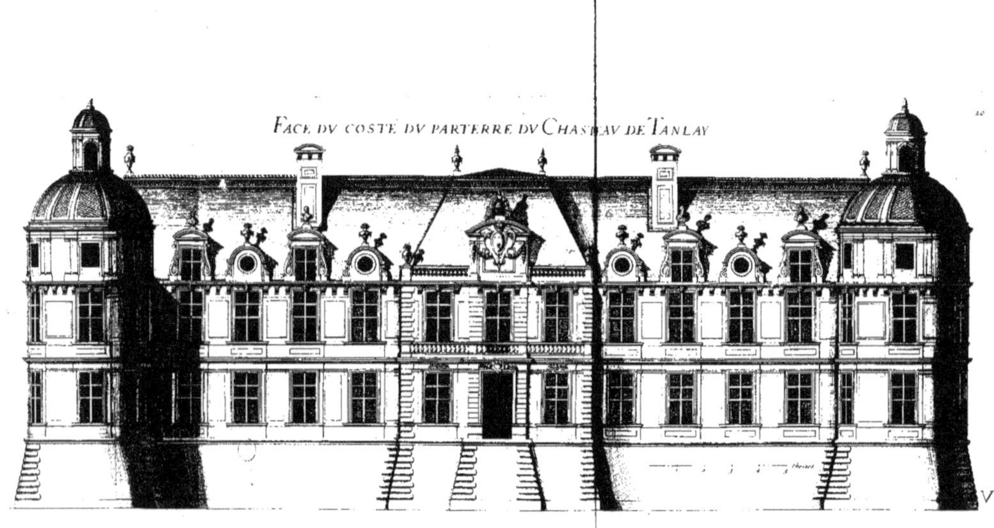
FACE DV COSTÉ DV PARTERRE DV CHASTEAV DE TANLAY

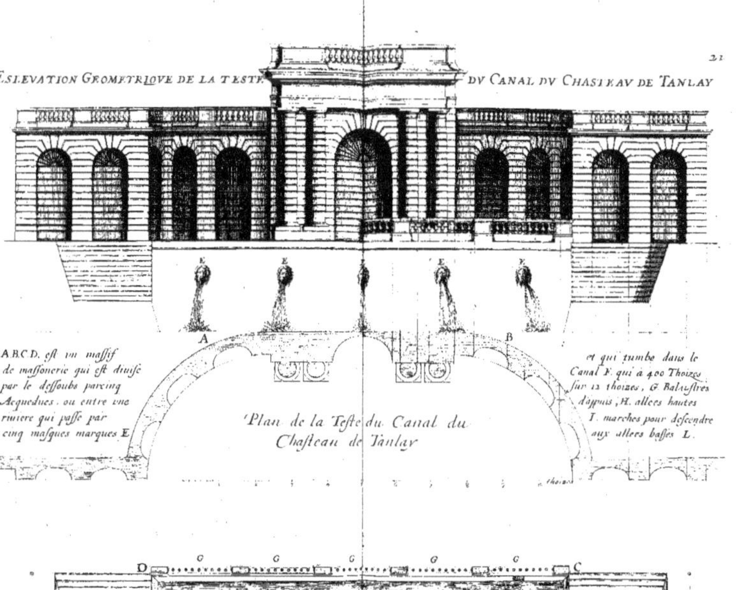
21
ESLEVATION GEOMETRIQVE DE LA TESTE DV CANAL DV CHASTEAV DE TANLAY
ABCD. est vn massif de massonerie qui est diuisé par le dessoubs par cinq Acqueducs . ou entre vne riuiere qui passe par cinq masques marques E
et qui tumbe dans le Canal F. qui à 400 Thoizes sur 12 thoizes , G. Balaustres d'appuis , H. allees hautes I. marches pour descendre aux allees basses L .
Plan de la Teste du Canal du Chasteau de Tanlay
A
B
C
D
G
H
I
L
X

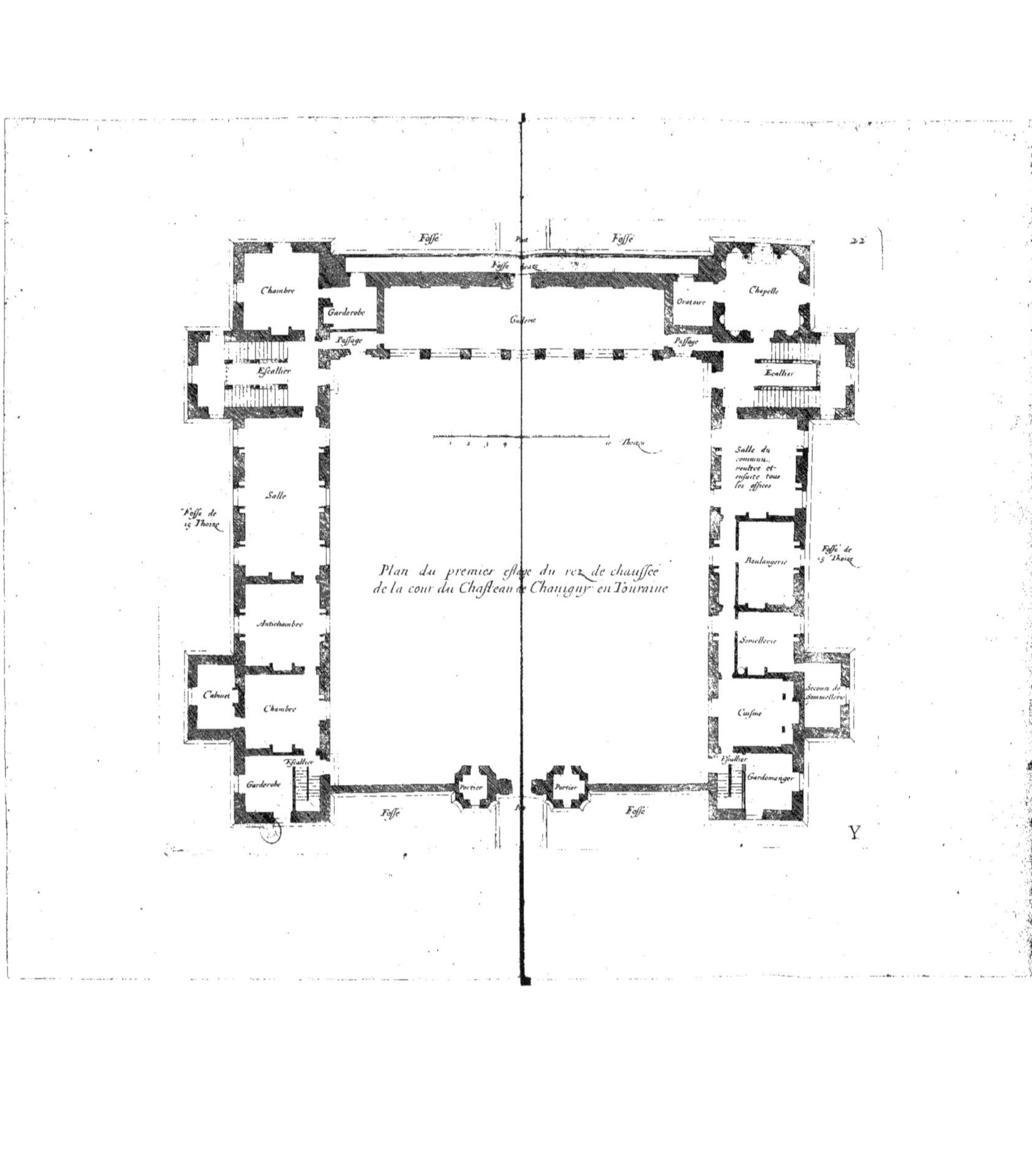
22
Fossé
Pont
Fossé
Fossé sec
Chambre
Garderobe
Gallerie
Oratoire
Chapelle
Passage
Passage
Escallier
Escallier
Salle du commun voultée et ensuite tous les offices
Salle
Fossé de 15 Thoises
Fossé de 15 Thoises
Boulangerie
Plan du premier estage du rez de chaussée
de la cour du Chasteau de Chavigny en Touraine
Antichambre
Sommellerie
Cabinet
Chambre
Second de Sommellerie
Cuisine
Escallier
Escallier
Garderobe
Portier
Portier
Gardemanger
Fossé
Fossé
Y

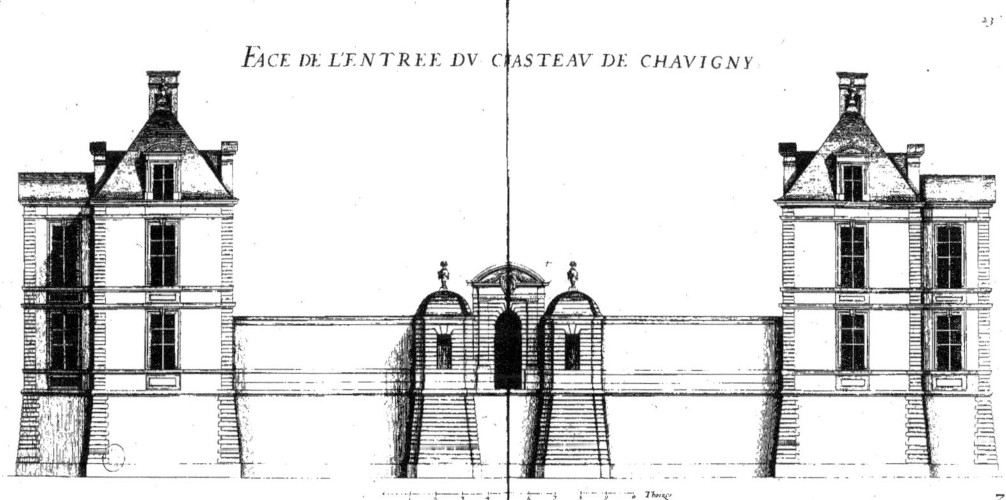
FACE DE L'ENTREE DV CHASTEAU DE CHAVIGNY
Thoises
Z

FACE DV COSTE DE LA COVR DV CHASTEAV DE CHAVIGNY EN TOVRAINE

AA

CHAPELLE DV CHASTEAV DE CHAVIGNY

IEAN MAROT f

12 pieds

BB

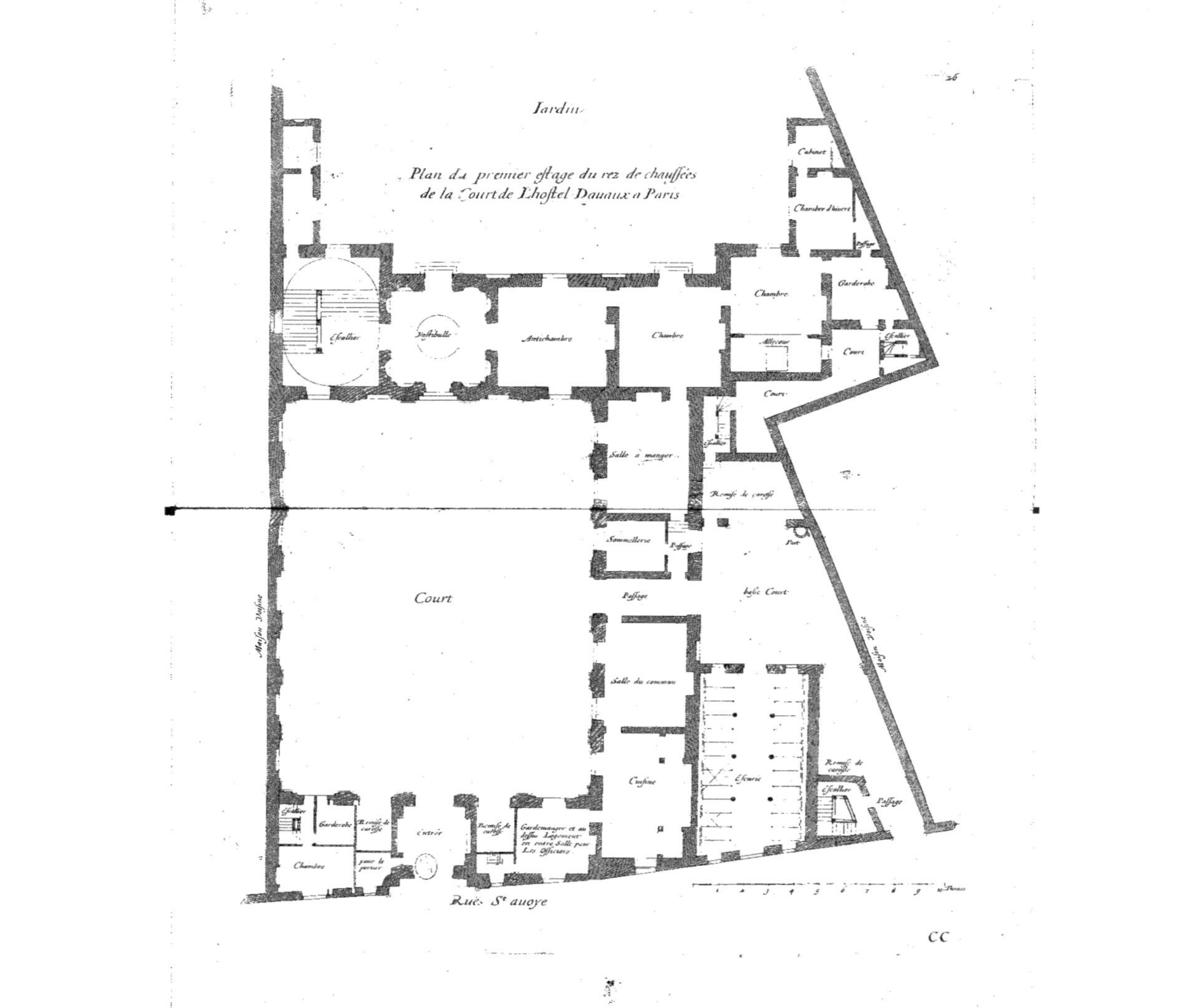
26
Iardin
Plan du premier estage du rez de chaussées
de la Court de L'hostel Dauaux a Paris
Cabinet
Chambre d'hiuert
Passage
Chambre
Garderobe
Escallier
Vestibulle
Antichambre
Chambre
Alcoue
Court
Court
Salle à manger
Remise de carosse
Sommellerie
Passage
Puit
Court
Passage
basse Court
Maison Voisine
Maison Voisine
Salle du commun
Cuisine
Escurie
Remise de carosse
Escallier
Passage
Escallier
Garderobe
Remise de carosse
Entrée
Remise de carosse
Gardemanger et au dessus Logement en entre Salle pour Les Officiers
Chambre
pour le portier
Ruë St auoye
CC

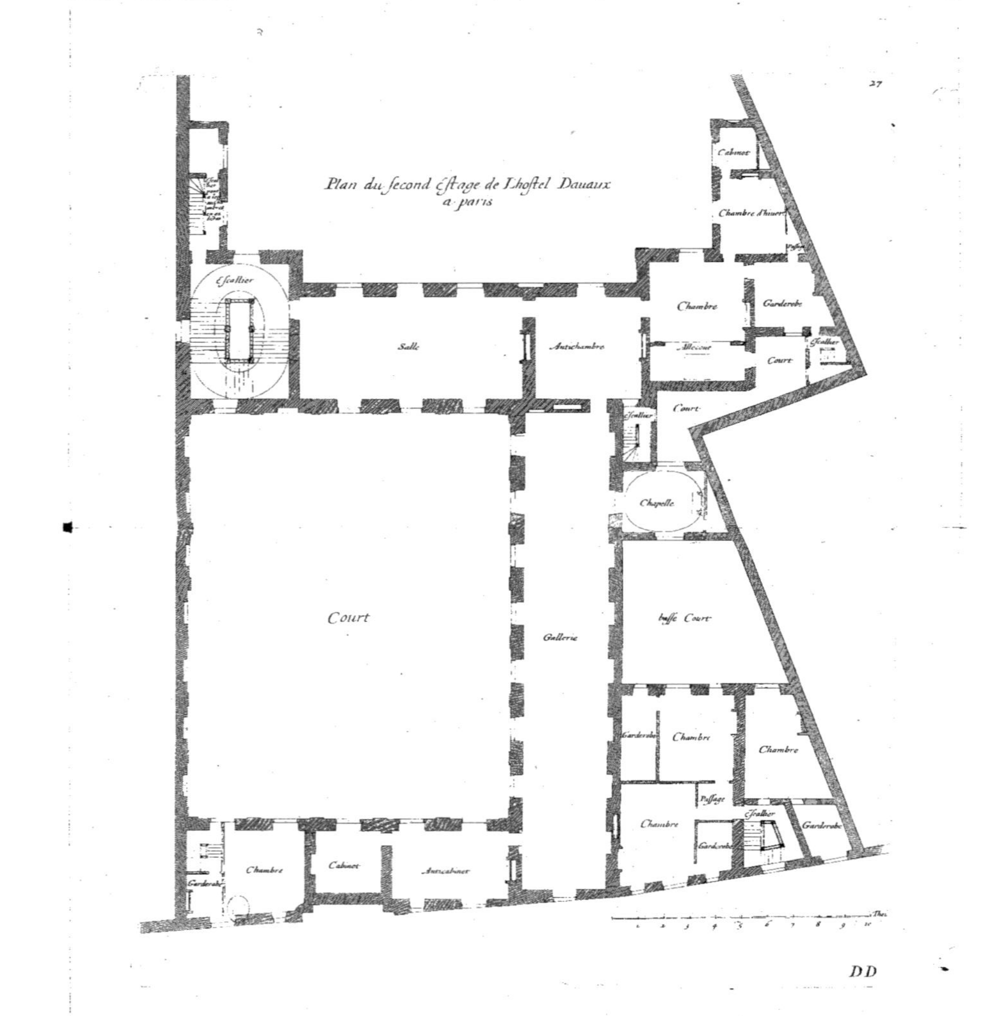
27
Plan du second Estage de Lhostel Dauaux
a paris
Cabinet
Chambre d'hiuer
Passage
Chambre
Garderobe
Alcoue
Court
Escallier
Escallier
Salle
Antichambre
Court
Escallier
Chapelle
Court
Gallerie
basse Court
Garderobe
Chambre
Chambre
Passage
Chambre
Escallier
Garderobe
Garderobe
Chambre
Cabinet
Anticabinet
Garderobe
DD

28
FACE SVR LA RVE DE L'HOSTEL DAVAVX A PARIS

FACE DU COSTÉ DE LA COUR DE L'HOSTEL DAVAUX A PARIS

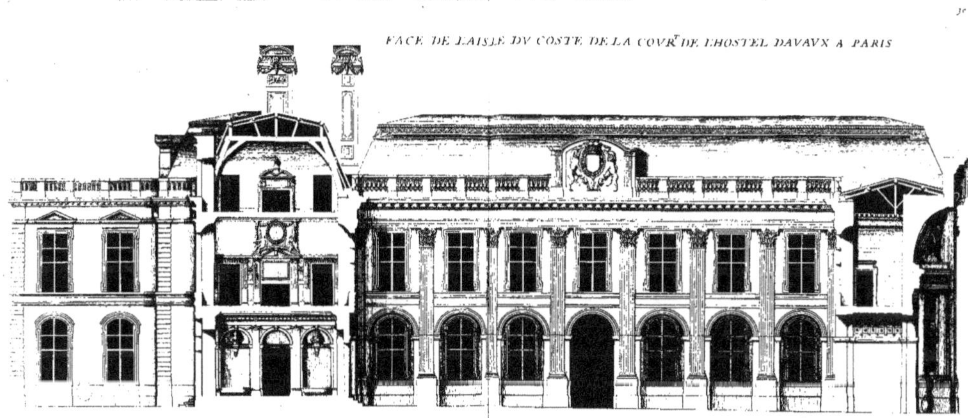
FACE DE L'AISLE DV COSTE DE LA COVR^T DE L'HOSTEL DAVAUX A PARIS

FACE DV COSTÉ DV IARDIN DE L'HOSTEL DAVAUX A PARIS

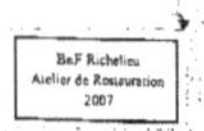
BnF Richelieu
Atelier de Restauration
2007

www.ingramcontent.com/pod-product-compliance
Lightning Source LLC
LaVergne TN
LVHW010601110826
845149LV00003B/726